HISTÓRIA E GEOGRAFIA

MANUAL DO PROFESSOR

CÉLIA PASSOS & ZENEIDE SILVA

5ª edição
São Paulo
2022

Coleção Eu Gosto M@is
História/Geografia 2º ano
© IBEP, 2022

Diretor superintendente	Jorge Yunes
Diretora adjunta editorial	Célia de Assis
Coordenadora editorial	Viviane Mendes
Editores	Adriane Gozzo e Soaria Willnauer
Assistente editorial	Isabella Mouzinho, Patrícia Ruiz e Stephanie Paparella
Revisores	Daniela Pita, Mauro Barros e Pamela P. Cabral da Silva
Secretaria editorial e processos	Elza Mizue Hata Fujihara
Departamento de arte	Aline Benitez e Gisele Gonçalves
Iconografia	Daniella Venerando
Ilustração	Vanessa Alexandre, José Luis Juhas, Dawidson França
	Luis Moura, Carlos Henrique da Silva e Dawidson França
Assistente de produção gráfica	Marcelo Ribeiro
Projeto gráfico e capa	Departamento de Arte - Ibep
Ilustração da capa	Gisele Libutti
Diagramação	N-Public

DADOS INTERNACIONAIS DE CATALOGAÇÃO NA PUBLICAÇÃO (CIP) DE ACORDO COM ISBD

P289e

Passos, Célia
   Eu gosto m@is: História e Geografia / Célia Passos, Zeneide Silva. –
5. ed. – São Paulo : IBEP – Instituto Brasileiro de Edições Pedagógicas, 2022.
   240 p. ; 20,5cm x 27,5cm. – (Eu gosto m@is)

   Inclui bibliografia.
   ISBN: 978-65-5696-276-4 (aluno)
   ISBN: 978-65-5696-277-1 (professor)

   1. Educação infantil. 2. Livro didático. 3. História. 4. Geografia. I. Silva, Zeneide. II. Título. III. Série.

2022-3000   CDD 372.2
    CDU 372.4

Elaborado por Vagner Rodolfo da Silva – CRB-8/9410

Índice para catálogo sistemático:
1. Educação infantil : Livro didático 372.2
2. Educação infantil : Livro didático 372.4

5ª edição – São Paulo – 2022
Todos os direitos reservados

Rua Gomes de Carvalho, 1306, 11º andar, Vila Olímpia
São Paulo - SP - 04547-005 - Brasil - Tel.: (11) 2799-7799
www.editoraibep.com.br

Gráfica Impress - Outubro 2022

APRESENTAÇÃO

Querido aluno, querida aluna,

Ao elaborar esta coleção pensamos muito em vocês.

Queremos que esta obra possa acompanhá-los em seu processo de aprendizagem pelo conteúdo atualizado e estimulante que apresenta e pelas propostas de atividades interessantes e bem ilustradas.

Nosso objetivo é que as lições e as atividades possam fazer vocês ampliarem seus conhecimentos e suas habilidades nessa fase de desenvolvimento da vida escolar.

Por meio do conhecimento, podemos contribuir para a construção de uma sociedade mais justa e fraterna: esse é também nosso objetivo ao elaborar esta coleção.

Um grande abraço,

As autoras

SUMÁRIO

		PÁGINA
1	**História**	5
2	**Geografia**	115

Coleção Eu gosto m@is

HISTÓRIA

CÉLIA PASSOS

Cursou Pedagogia na Faculdade de Ciências Humanas de Olinda – PE, com licenciaturas em Educação Especial e Orientação Educacional. Professora do Ensino Fundamental e Médio (Magistério) e coordenadora escolar de 1978 a 1990.

ZENEIDE SILVA

Cursou Pedagogia na Universidade Católica de Pernambuco, com licenciatura em Supervisão Escolar. Pós-graduada em Literatura Infantil. Mestra em Formação de Educador pela Universidade Isla, Vila de Nova Gaia, Portugal. Assessora Pedagógica, professora do Ensino Fundamental e supervisora escolar desde 1986.

LIZETE MERCADANTE MACHADO

Cursou História na Faculdade de Filosofia, Ciências e Letras de São José dos Campos. Mestrado em História do Brasil pela Universidade de Campinas (Unicamp). Professora da educação básica, editora e autora de obras didáticas e paradidáticas.

5ª edição
São Paulo
2022

2º ANO
ENSINO FUNDAMENTAL

SUMÁRIO

LIÇÃO		PÁGINA

1   **Eu tenho documentos** 8
- Todos temos nomes 8
- Os documentos pessoais nos identificam 12
- Sua impressão digital é sua marca 16
- Cartão do deficiente e do idoso 22

2   **Eu tenho uma moradia** 25
- As moradias são diferentes 25
- Todas as pessoas precisam de abrigo e proteção 29
- As moradias no tempo 33

3   **A passagem do tempo** 35
- Que horas são? 37
- Os relógios do passado 45

4   **O tempo e a História** 47
- Um poema sobre o tempo 47
- Há muito tempo e agora 51
- História dos computadores 56

5   **Os registros da história** 57
- Os objetos contam histórias 57
- A história pessoal 58
- A história coletiva 59
- Museus são lugares de histórias 60
- Os textos e as imagens contam histórias 61
- Os áudios e os filmes contam histórias 62
- Os lugares contam histórias 65
- Fontes históricas misteriosas 69

LIÇÃO		PÁGINA
6	**O mundo do trabalho**	**71**
	• O que é trabalho?	71
	• O trabalho remunerado e as profissões	72
	• Profissões que desapareceram	77
	• Vendedores de antigamente	80
7	**O trabalho perto de você**	**82**
	• O trabalho doméstico	84
	• Os trabalhadores da comunidade	85
	• Os tipos de trabalhadores	87
	• Criança não trabalha	88
	• Atividades da criança em casa	89
	• Da natureza para a nossa casa	92
	• O trabalho infantil no passado	96
8	**Datas comemorativas**	**98**
	• Dia Nacional do Livro Infantil	98
	• Dia do Indígena	100
	• Dia da chegada dos portugueses ao Brasil	103
	• Dia do Trabalhador	105
	• Dia das Mães	107
	• Festas juninas	109
	• Dia dos Pais	111
	• Dia da Árvore	113

ADESIVOS **249**

EU TENHO DOCUMENTOS

Todos temos nomes

Todas as pessoas recebem um nome ao nascer. É um direito de todos ter nome e sobrenome.

Meu nome é Sofia da Silva Siqueira. Sofia significa "sabedoria" em grego. Minha mãe escolheu esse nome para mim porque achou muito bonito.

Meu nome é Renato Pereira. Renato quer dizer "alguém que nasceu de novo". Todos em casa me chamam de Renatinho, porque sou o filho mais novo.

Meu nome é Adriana Mara Espósito. Meu apelido é Drica. Meus pais escolheram esse nome para mim em homenagem à minha avó.

Meu nome é André Delgado de Lima. Meu apelido é Deco. Foi minha avó quem escolheu meu nome, que significa "corajoso".

Eu sou Mitiko Nakamoto. Mi é o meu apelido. Tenho uma amiga que tem o mesmo apelido, mas outro nome: Mirna.

Meu nome é Carlos Batista Santos. Meu apelido é Carlinhos. Meu pai escolheu esse nome para mim em homenagem a um escritor brasileiro chamado Carlos Drummond de Andrade.

- E você? Qual é o seu nome completo?
- Quem escolheu seu nome?
- Por que você tem esse nome?
- Qual é o significado do seu nome?
- Você tem algum apelido?

ATIVIDADES

1 Desenhe dois amigos nos espaços a seguir e escreva o nome completo deles.

2 Em relação aos amigos que você desenhou, responda.

- Amigo 1:

a) Quem escolheu o nome dele?

_____

b) Por que ele tem esse nome?

_____

_____

c) Qual é o significado do nome dele?

_____

_____

- Amigo 2:

a) Quem escolheu o nome dele?

_____

b) Por que ele tem esse nome?

_____

_____

c) Qual é o significado do nome dele?

_____

_____

Os documentos pessoais nos identificam

Existem documentos que servem para nos identificar. São os documentos pessoais.

A primeira informação desses documentos é nosso nome. Além do nome, esses documentos trazem outras informações importantes sobre nós.

São exemplos de documentos pessoais: a certidão de nascimento, a carteira de identidade, a carteira de vacinação, a carteira escolar, a carteira de habilitação etc.

Todas as pessoas precisam ter documentos pessoais. Eles permitem que sejamos identificados como cidadãos, sujeitos com direitos e deveres.

Certidão de nascimento.

Carteira Nacional de Habilitação (CNH).

A certidão de nascimento

Em nossa **certidão de nascimento** estão registradas informações sobre nosso nascimento: o nome dos nossos pais e dos avós maternos e paternos, o dia, a hora e a cidade onde nascemos.

Observe a certidão de nascimento de Marina.

Marina nasceu no dia 24 de outubro de 2016.

Ela nasceu na cidade de Maringá, no estado do Paraná.

Os pais de Marina chamam-se João Batista de Oliveira e Maria das Santile de Oliveira.

Dados fictícios.

ATIVIDADES

1 Com a ajuda de um adulto, consulte sua certidão de nascimento para completar o quadro a seguir.

Meu nome completo é _____.

Eu nasci no dia _____ de _____ do ano de _____.

Nasci na cidade de _____.

O nome da minha mãe é _____

_____.

O nome do meu pai é _____

_____.

No meu documento também estão registradas estas

informações: _____

_____

_____

_____

_____.

A carteira de identidade

A **carteira de identidade** também é chamada **Registro Geral** ou **RG**.

Observe a carteira de identidade de Daniel.

Este documento traz a fotografia e o nome dele, o nome de seus pais e o local e a data de seu nascimento.

Daniel não sabia ler nem escrever quando tirou sua carteira de identidade. Por isso, no lugar da assinatura, aparece escrito "NÃO ALFABETIZADO".

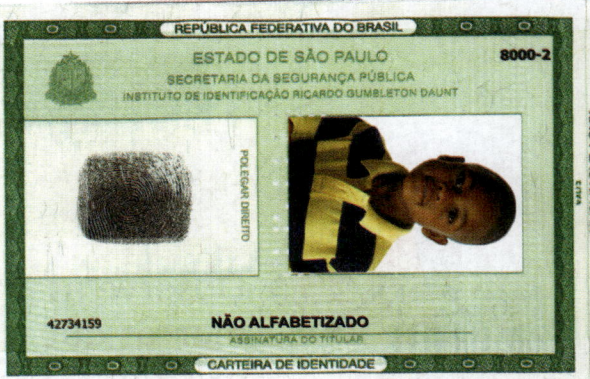
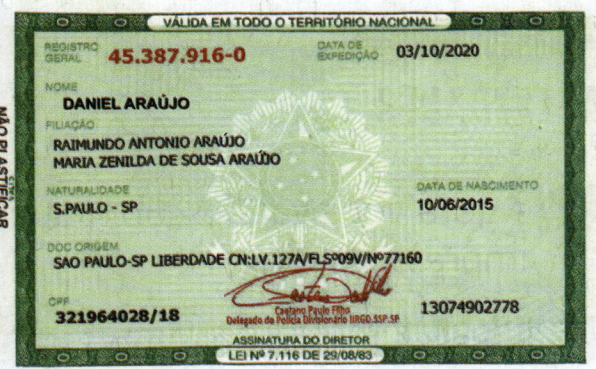

ATIVIDADES

1 Observe novamente a carteira de identidade e responda.

a) De quem é esse documento?

_____

b) Em que data e em qual cidade essa pessoa nasceu?

_____

_____

c) Como os pais de Daniel se chamam?

_____

_____

Sua impressão digital é sua marca

Você percebeu que na carteira de identidade de Daniel há a marca de um dedo? **Impressão digital** é o nome que damos a essa marca que temos na ponta dos dedos.

Ela é única, diferente de uma pessoa para outra.

Por ser sempre única, a impressão digital é usada em documentos que servem para nos identificar, como a carteira de identidade.

AFRICA STUDIO/SHUTTERSTOCK

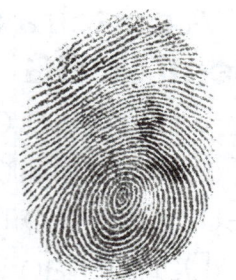

Impressão digital do polegar direito de uma pessoa adulta.

ATIVIDADES

1 Agora você vai descobrir suas impressões digitais!

- Passe tinta de carimbo na ponta de seus dedos.
- Pressione cada um dos dedos sobre o espaço abaixo.
- Depois, limpe bem as mãos para não deixar suas impressões digitais em outros lugares.

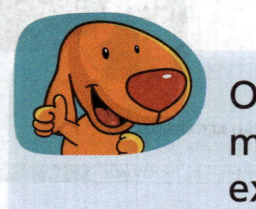

Observe as marcas que existem na ponta de seus dedos. Elas são suas impressões digitais!

2 Compare suas impressões digitais com as de seus colegas.

- Elas são iguais ou diferentes?

A carteirinha escolar

Você já observou sua carteirinha escolar? Geralmente, nesse documento constam o nome e a data de nascimento do aluno. Por isso a carteirinha escolar também é um documento de identificação pessoal.

Mas, além disso, a carteirinha escolar é um documento que conta um pouco da história de vida do aluno, pois nela estão também outras informações, como o nome e a localização da escola, o ano letivo e a sala em que ele estuda.

Ao reunirmos os diversos documentos de uma pessoa, observando com atenção as informações contidas neles, como as datas e os locais, podemos entender um pouco mais a trajetória de vida dessa pessoa, pois essas informações permitem saber os locais por onde ela passou e em quais períodos da vida esteve nesses lugares.

A aluna Ana Carolina frequenta o Colégio Paulo Afonso de Alcantara Filho. Em 2023, ela cursa o 2º ano.

A carteirinha da biblioteca

Em muitas escolas do Brasil, é comum que haja uma biblioteca para que os alunos possam consultar e fazer empréstimos dos livros.

Há cidades que possuem uma ou mais bibliotecas públicas, disponibilizando aos moradores dessas localidades livros, jornais e revistas para consultas e também para empréstimos.

Para utilizar os serviços disponíveis em uma biblioteca, é necessário inscrever-se, fornecendo seus dados pessoais, que devem ser comprovados com um documento de confirmação de endereço (conta de luz, de água ou outra correspondência qualquer) e um documento com foto (a carteira de identidade ou a carteirinha escolar, por exemplo). Caso a pessoa seja menor, isto é, tenha menos de 18 anos, deverá apresentar uma autorização assinada pelos pais ou cuidadores, ou seja, um documento confirmando que os responsáveis por essa pessoa sabem que ela está se inscrevendo na biblioteca.

Ao fazer essa inscrição, recebemos uma carteirinha que nos identifica e também serve como um registro dos livros que pegamos emprestado na biblioteca. Ao final de um ano, por exemplo, temos marcado nessa carteirinha o histórico de todos os livros que retiramos do local.

Você frequenta a biblioteca da escola ou alguma biblioteca pública?

ATIVIDADES

1 Identifique os documentos pessoais, numerando-os.

1 Certidão de nascimento.

2 Carteirinha escolar.

3 Carteira Nacional de Habilitação.

4 Carteira de identidade.

ACERVO EDITORA

ACERVO EDITORA

SECRETARIA DA EDUCAÇÃO – SP

ACERVO EDITORA

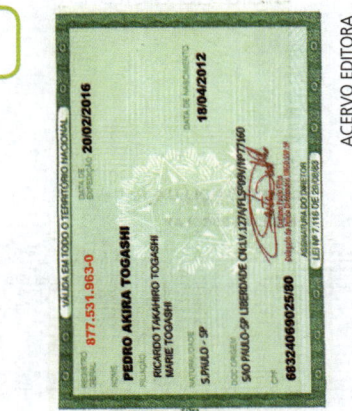

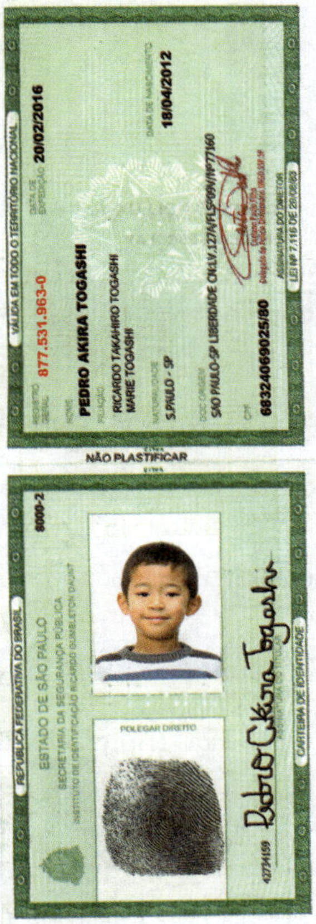

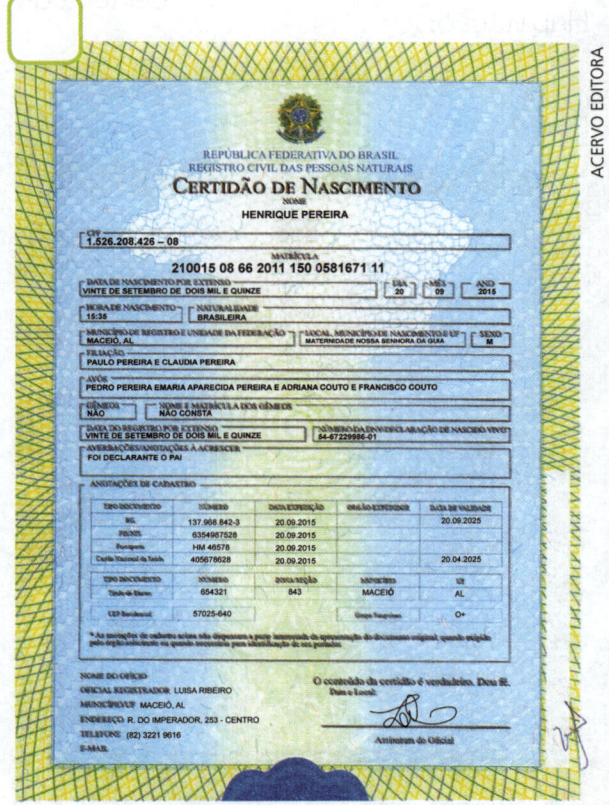

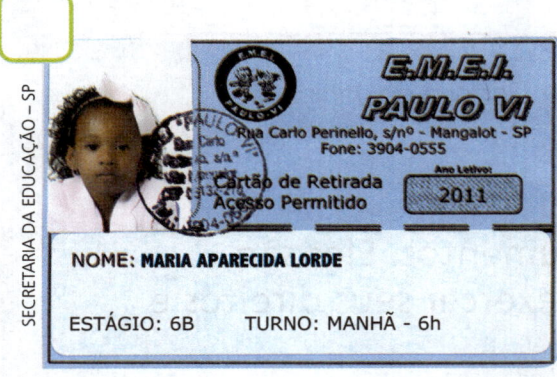

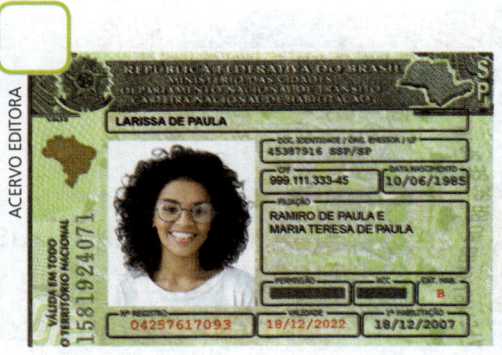

2 Com a ajuda dos adultos que vivem com você, marque com um **X** os documentos que você possui.

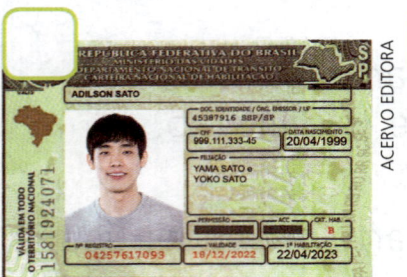
Carteira Nacional de Habilitação.

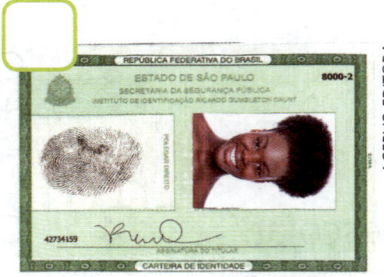
Carteira de identidade.

Título de eleitor.

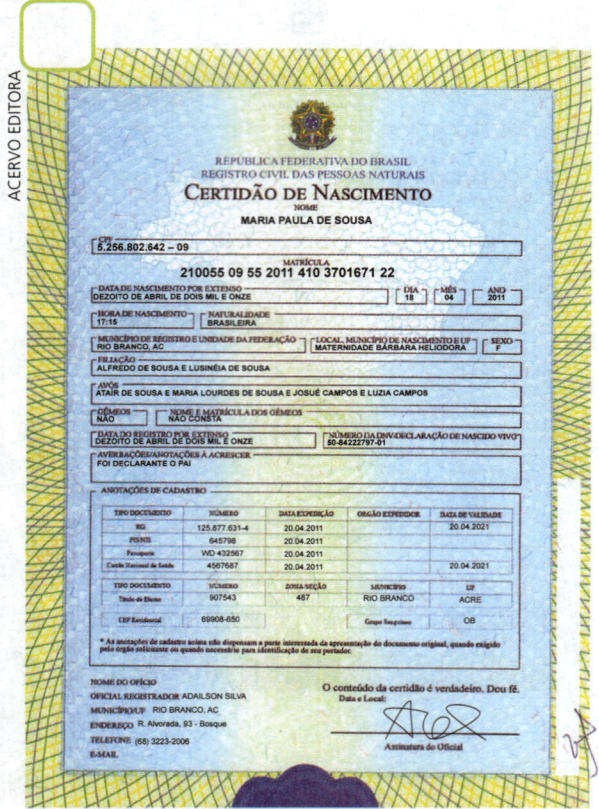
Certidão de nascimento.

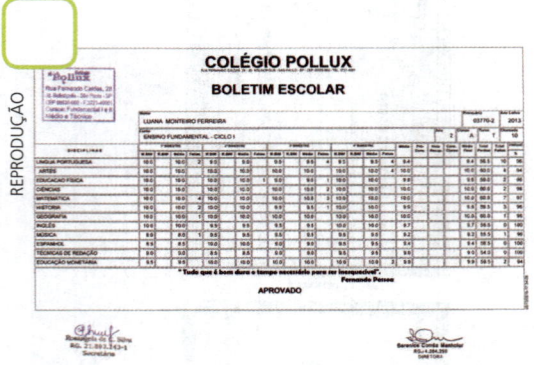
Boletim escolar.

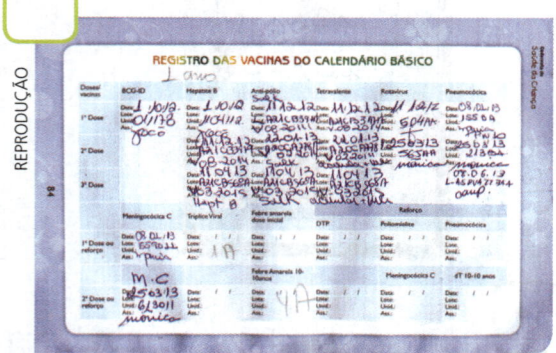
Carteira de vacinação.

Cuide bem de seus documentos. Eles são importantes para você exercer seus direitos e conhecer sua história.

EU GOSTO DE APRENDER

Com o professor e os colegas, leia o que você estudou nesta lição.

- Todos nós temos direito a um nome e a um sobrenome.

- Os documentos pessoais nos identificam como cidadãos.

- Existem diferentes documentos pessoais.

- A certidão de nascimento e a carteira de identidade são exemplos de documentos pessoais.

- A impressão digital é uma marca individual e é usada em documentos que servem para nos identificar.

- Documentos como a carteirinha escolar e a da biblioteca podem nos dar pistas sobre a história e a trajetória de uma pessoa.

LEIA MAIS

De onde vêm os nomes?

Ilan Brenman. São Paulo: Companhia Editora Nacional, 2014.

Qual é a origem do seu nome? Muitas vezes, o nome do bebê é escolhido em homenagem a uma pessoa marcante na vida dos pais – por exemplo, um dos avós ou dos tios da criança. Nesse livro, o autor apresenta a origem de vários nomes, da letra A até a letra Z.

EU GOSTO DE APRENDER MAIS

Cartão do deficiente e do idoso

Você já viu estes símbolos em algum lugar?

Esses símbolos são usados para identificar pessoas com deficiência e também idosos (adultos com mais de 60 anos).

São símbolos conhecidos no mundo todo. Em qualquer lugar do Brasil ou fora do país, esses símbolos representam as mesmas informações.

No Brasil, é obrigatório que todos os estacionamentos públicos e privados tenham vagas exclusivas para essas pessoas.

Para que pessoas com deficiência e idosos possam usar essas vagas, eles devem ter um cartão de identificação e colocar no vidro do carro um adesivo com um dos símbolos, sinalizando sua necessidade.

- Você conhece pessoas que possuem o cartão do deficiente ou do idoso? Quem são essas pessoas?
- Você já presenciou alguma pessoa utilizando essas vagas? Onde?
- Na sua família, há alguma pessoa com deficiência? Conte para os colegas e para o professor como é a rotina dessa pessoa.

ATIVIDADES COMPLEMENTARES

1 Marque um **X** nos documentos pessoais que podem nos fornecer informações sobre a história de vida e a trajetória das pessoas.

☐ Certidão de nascimento.   ☐ Carteirinha escolar.

☐ Manual de instruções.   ☐ Jornal do bairro.

☐ RG.   ☐ Folheto de supermercado.

2 Utilizando as informações dos documentos a seguir, coloque **F** (falso) ou **V** (verdadeiro) para as frases sobre a vida de Davi Lucas.

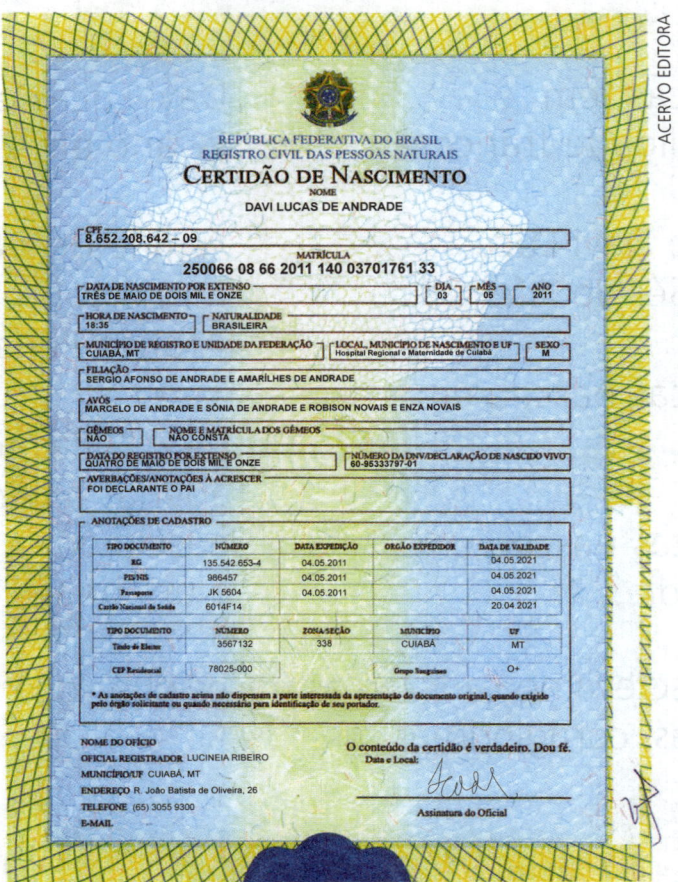

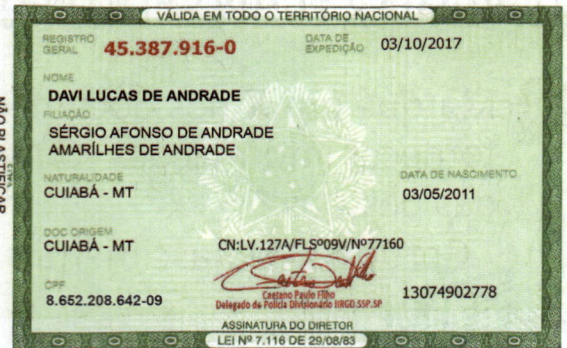
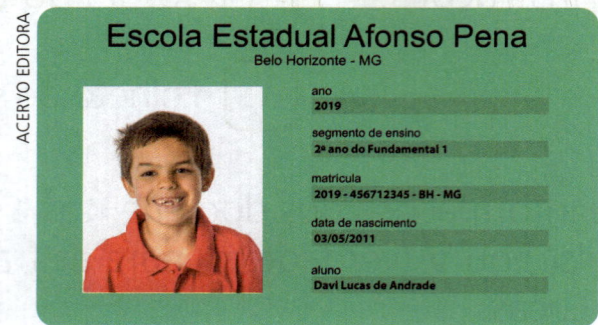

☐ Davi Lucas tem nacionalidade francesa.

☐ O pai de Davi Lucas se chama Sérgio Afonso.

☐ Davi Lucas nasceu em Cuiabá.

☐ Davi Lucas nasceu em Uberlândia.

☐ Davi Lucas estudou no 2º ano em 2021.

☐ A mãe de Davi Lucas tem o sobrenome Afonso Pena.

☐ Davi Lucas tem apenas a certidão de nascimento, pois ainda é um bebê.

3 Agora reescreva no caderno as frases que você marcou como falsas, corrigindo-as.

LIÇÃO 2
EU TENHO UMA MORADIA

As moradias são diferentes

As **moradias** são os locais onde as pessoas vivem. Elas devem oferecer abrigo e proteção. Todas as pessoas têm direito a uma moradia.

Nas fotos desta página e da página seguinte, você pode observar que existem diferentes tipos de moradia.

Casa de madeira em Gramado (RS). Foto de 2021.

Conjunto de prédios residenciais na cidade de Salvador (BA). Foto de 2021.

Casa de tijolos em Pomerode (SC). Foto de 2021.

Moradia do povo indígena Kamaiurá, em Gaúcha do Norte (MT). Foto de 2022.

Todas as pessoas vivem em algum tipo de moradia.

Algumas moram em prédios com vários apartamentos; outras, em casas com quintal.

Há ainda pessoas que moram em casas feitas de madeira ou em casas construídas dentro de sítios ou fazendas.

Sítio em Itabira (MG). Foto de 2021.

Moradias na cidade de Iguatu (CE). Foto de 2021.

Conjunto habitacional em Tocantins. Foto de 2020.

Palafitas no estado do Pará. Foto de 2021.

Converse com o professor e com os colegas:
- Você mora em casa ou apartamento?
- Você acha importante ter onde morar?
- Como seria sua vida se você não tivesse um lugar para morar?

ATIVIDADES

1 Como é sua moradia? Assinale as alternativas com características que você encontra nela.

- ☐ Recente.
- ☐ Antiga.
- ☐ Feita de madeira.
- ☐ Feita de tijolos.
- ☐ Pequena.
- ☐ Grande.

2 O que tem em volta de sua moradia?

- ☐ Muitos vizinhos.
- ☐ Garagem.
- ☐ Poucos vizinhos.
- ☐ Piscina.
- ☐ Varanda.
- ☐ Árvores.
- ☐ Quintal.
- ☐ Jardim.

3 Desenhe o lugar de que você mais gosta na sua moradia.

4 Em casa, com a ajuda de algum adulto com quem você vive, responda às questões.

a) Qual é o nome da rua onde fica sua moradia?
_____

b) Há quanto tempo você e sua família vivem nessa moradia?
_____

c) O que vocês fazem para manter a moradia sempre bem-arrumada?
_____
_____

5 Faça, no espaço a seguir, um desenho de sua moradia.

Todas as pessoas precisam de abrigo e proteção

As moradias oferecem a proteção e o abrigo de que as pessoas necessitam.

Também são importantes porque geralmente nelas convivem pessoas de uma mesma família.

É na moradia que as pessoas conversam, se alimentam, guardam seus pertences, descansam e aprendem umas com as outras.

- Incluindo você, quantas pessoas moram na sua casa? Quais os nomes?
- Vocês costumam receber visitas? Quem são essas visitas?
- Como recebem as visitas?

ATIVIDADES

1 Relacione as fotos aos tipos de moradia.

1 Casa de madeira. 2 Prédio residencial.

3 Casa de sítio. 4 Casa com jardim.

2 Leia o texto e encontre a moradia de cada personagem. Use os adesivos do final do livro.

> Na minha rua tem casas térreas, que são casas baixinhas como a da Terezinha.
>
> E tem casas altas, como a de Catapimba, que tem escada dentro e chama sobrado. [...]
>
> E tem o prédio onde mora o Alvinho, que é bem alto e até tem elevador.
>
> Ruth Rocha. *A rua do Marcelo*. São Paulo: Salamandra, 2001.

Terezinha   Catapimba   Alvinho

EU GOSTO DE APRENDER

Com o professor e os colegas, leia o que você estudou nesta lição.

- O lugar onde vivemos é a nossa moradia.
- A moradia é um direito de todas as pessoas.
- Existem vários tipos de moradia: apartamentos, casas com quintal, casas em sítios, em fazendas etc.
- Na moradia, as pessoas descansam, guardam seus pertences, convivem com a família e se alimentam.

ATIVIDADES

1 Marque um **X** nos cômodos e nas construções que existem em sua casa.

☐ Jardim.   ☐ Quintal.

☐ Escada.   ☐ Parede de tijolo.

☐ Corredor. ☐ Parede de madeira.

2 Pinte o quadro que informa para que serve a moradia.

Comércio	Produção de automóveis
Abrigo	Criação de animais

3 Procure em revistas e jornais fotos de quatro tipos de moradia. Cole-as aqui. Abaixo de cada foto escreva o tipo da construção.

LEIA MAIS

A casa assombrada

Edy Lima. São Paulo: Ibep Jr., 2014.

A ovelha vivia feliz em sua casinha até o dia em que, ao abrir a porta, escutou um ruído esquisito. Tremeu de medo e correu para fora, gritando!

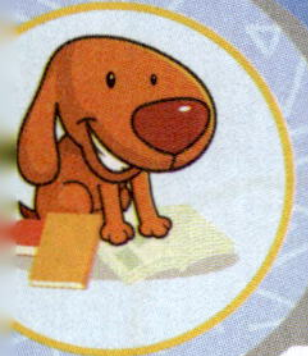

EU GOSTO DE APRENDER MAIS

As moradias no tempo

As moradias mudaram muito ao longo da história. Há muito tempo, os primeiros seres humanos que viveram no planeta Terra não tinham moradia fixa e abrigavam-se em cavernas, grutas e outros locais da natureza.

Ainda hoje os indígenas brasileiros constroem suas habitações com materiais encontrados na floresta, como palha e madeira.

Quando os povos europeus aqui chegaram, passaram a construir com materiais como barro, madeira e palha. Eles faziam casas de pau a pique ou taipa de pilão, cujas paredes são de barro prensado. Ainda são construídas casas assim em muitos lugares do Brasil.

Os portugueses usavam outros materiais também, como pedras, tijolos e azulejos. Há cerca de trezentos anos, era comum serem erguidos sobrados nas cidades brasileiras. Muitos deles ainda existem e são conservados. São chamados **sobrados coloniais**.

FRONTPAGE/SHUTTERSTOCK

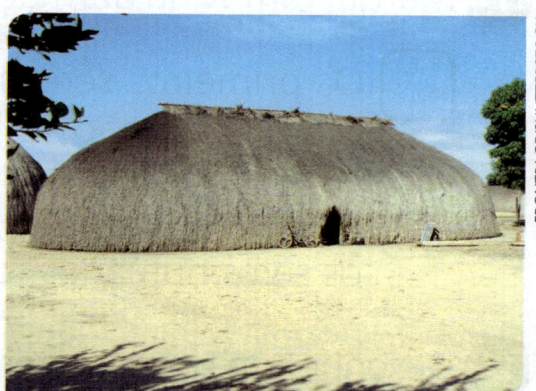

Moradia Kamayurá. Parque Indígena do Xingu (MT), 2008.

VINICIUS TUPINAMBA/SHUTTERSTOCK

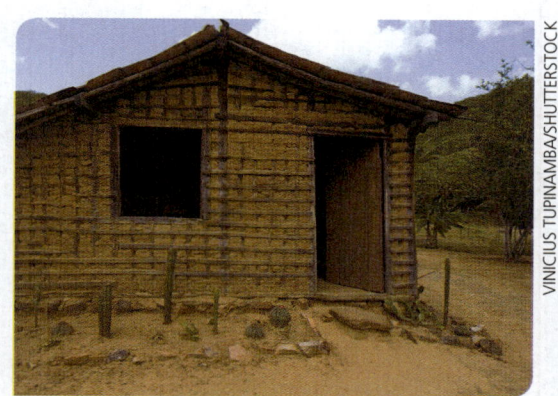

Casa de pau a pique no interior do Piauí. Foto de 2010.

FELIPE FRAZÃO/SHUTTERSTOCK

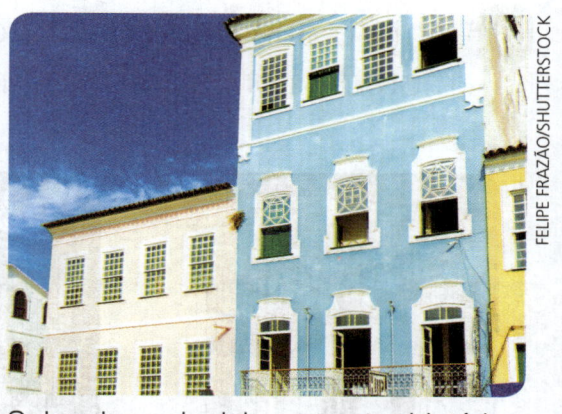

Sobrados coloniais no centro histórico de Salvador (BA). Foto de 2013.

ATIVIDADES COMPLEMENTARES

1 Marque um **X** na afirmação correta.

☐ Os primeiros seres humanos não precisavam de moradias e não se abrigavam em um lugar especial.

☐ As primeiras moradias foram locais da natureza onde os seres humanos se abrigavam, como as cavernas.

2 Desenhe um tipo de moradia muito comum há trezentos anos nas cidades brasileiras.

3 Pinte o quadrado das fotos que mostram um tipo de moradia construído no Brasil até hoje.

A PASSAGEM DO TEMPO

JEAN GALVÃO

1 Na historinha, os personagens conversam sobre dois aparelhos usados para ver as horas. Quais são esses aparelhos? Responda oralmente.

2 O que a menina estranhou? Sublinhe a frase correta.

O relógio desenhado em seu pulso.

O celular desenhado na palma da mão do menino.

Não tinha nada desenhado no pulso do menino.

3 Complete a frase.

O pai do menino vê as horas em um _____.

4 Sente-se com um colega e conversem sobre a seguinte questão: além do relógio, o que mais pode nos fazer perceber que o tempo passou?

ATIVIDADES

1 Desenhe, nos espaços a seguir, o que você faz ao longo do dia.

Manhã	Tarde	Noite

2 Pinte os quadros que indicam o que você faz nos fins de semana. Escreva nos outros quadros algo diferente que você faz nos sábados ou nos domingos.

| Jogar bola com os amigos. | Estudar. | Jogar *videogame*. |
| Assistir a filmes em casa. | Visitar os parentes. | Passear com a família. |

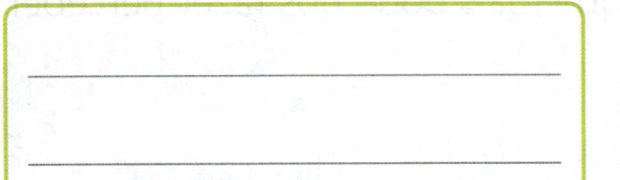

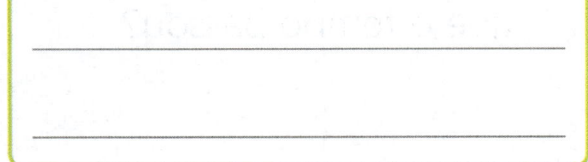

Que horas são?

Para poder medir o tempo, os seres humanos dividiram o dia em horas, minutos e segundos.
- O dia tem 24 horas.
- Uma hora tem 60 minutos.
- Um minuto tem 60 segundos.

Essa divisão foi feita no passado com base na observação do dia e da noite e da posição do Sol e da Lua.

À medida que a divisão do tempo foi se tornando cada vez mais importante para os seres humanos, foi necessário criar um aparelho capaz de marcar essa passagem do tempo. Assim, foi inventado o relógio.

Em cada período da história, um tipo de relógio foi o mais utilizado. Atualmente, os relógios mais comuns são os analógicos e os digitais.

Relógio analógico da estação de trem da Central do Brasil, Rio de Janeiro (RJ).

Relógio digital em painel de rua.

Acertando as horas

Existem dois modos de falar as horas. O primeiro é usando os numerais de 1 a 24. E a segunda maneira é usando os numerais de 1 a 12, acrescentando **da manhã**, **da tarde** e **da noite**.

Quando o relógio marca 12, dizemos que é meio-dia. Quando o relógio marca 24, dizemos que é **meia-noite**.

Observe os exemplos:

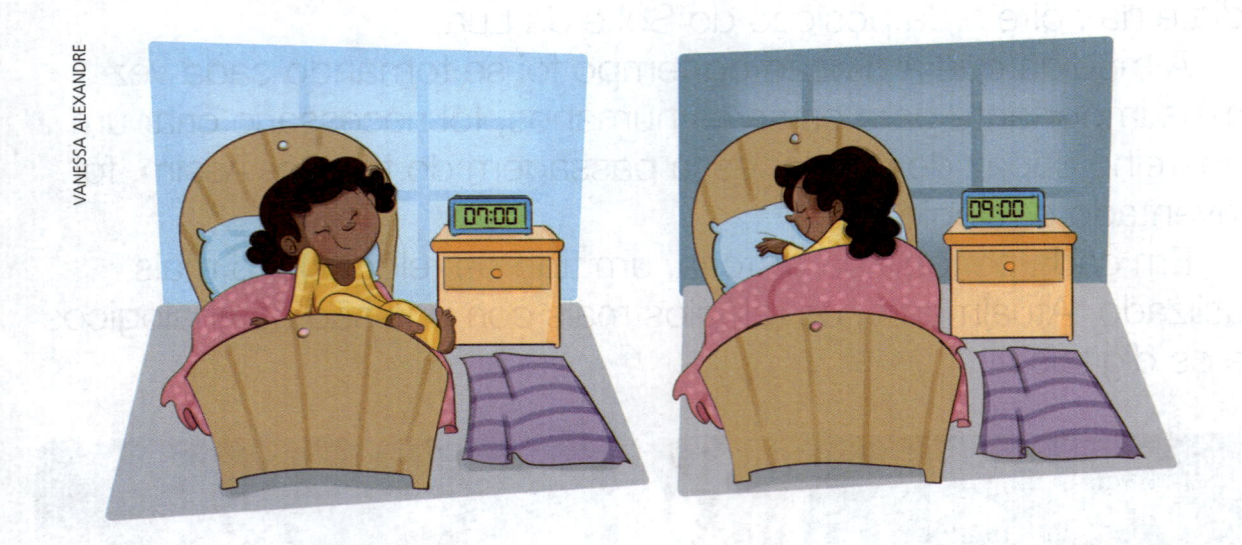

Maria Beatriz acorda às sete horas da manhã e vai dormir às nove horas da noite.

João Vítor almoça sempre ao meio-dia e janta às dezoito horas.

ATIVIDADES

1 Escreva que horas são:

2 Complete:

Eu entro na escola às _____.

Saio da escola às _____.

Meu horário de almoço é _____.

Meu horário preferido para estudar em casa é das _____

às _____.

3 Marque um **X** na frase correta.

☐ Vou almoçar sempre ao meio-dia e meio.

☐ Vou almoçar sempre ao meio-dia e meia.

4 Qual outro modo de falar quando o relógio marca meio-dia e meia?

_____

_____

Que dia é hoje?

Podemos saber em que dia da semana estamos ou quando ocorrerá um feriado usando o calendário.

O calendário é um marcador do tempo que mede a passagem dos dias. Ele é dividido em dias, meses e anos.

- Um ano tem 365 dias divididos em 12 meses.
- Os meses podem ter 30 ou 31 dias.
- Fevereiro é um mês diferente, pois tem 28 dias. Mas de 4 em 4 anos o mês de fevereiro tem 29 dias. Dizemos então que esse ano é bissexto, porque tem um dia a mais, e fica com 366 dias.
- Um mês é dividido em semanas.
- Cada semana tem sete dias.
- Os nomes dos dias da semana são: domingo, segunda-feira, terça-feira, quarta-feira, quinta-feira, sexta-feira e sábado.

2023 CALENDÁRIO

JANEIRO

D	S	T	Q	Q	S	S
1	2	3	4	5	6	7
8	9	10	11	12	13	14
15	16	17	18	19	20	21
22	23	24	25	26	27	28
29	30	31				

FEVEREIRO

D	S	T	Q	Q	S	S
			1	2	3	4
5	6	7	8	9	10	11
12	13	14	15	16	17	18
19	20	21	22	23	24	25
26	27	28				

MARÇO

D	S	T	Q	Q	S	S
			1	2	3	4
5	6	7	8	9	10	11
12	13	14	15	16	17	18
19	20	21	22	23	24	25
26	27	28	29	30	31	

ABRIL

D	S	T	Q	Q	S	S
						1
2	3	4	5	6	7	8
9	10	11	12	13	14	15
16	17	18	19	20	21	22
23	24	25	26	27	28	29
30						

MAIO

D	S	T	Q	Q	S	S
	1	2	3	4	5	6
7	8	9	10	11	12	13
14	15	16	17	18	19	20
21	22	23	24	25	26	27
28	29	30	31			

JUNHO

D	S	T	Q	Q	S	S
				1	2	3
4	5	6	7	8	9	10
11	12	13	14	15	16	17
18	19	20	21	22	23	24
25	26	27	28	29	30	

JULHO

D	S	T	Q	Q	S	S
						1
2	3	4	5	6	7	8
9	10	11	12	13	14	15
16	17	18	19	20	21	22
23	24	25	26	27	28	29
30	31					

AGOSTO

D	S	T	Q	Q	S	S
		1	2	3	4	5
6	7	8	9	10	11	12
13	14	15	16	17	18	19
20	21	22	23	24	25	26
27	28	29	30	31		

SETEMBRO

D	S	T	Q	Q	S	S
					1	2
3	4	5	6	7	8	9
10	11	12	13	14	15	16
17	18	19	20	21	22	23
24	25	26	27	28	29	30

OUTUBRO

D	S	T	Q	Q	S	S
1	2	3	4	5	6	7
8	9	10	11	12	13	14
15	16	17	18	19	20	21
22	23	24	25	26	27	28
29	30	31				

NOVEMBRO

D	S	T	Q	Q	S	S
			1	2	3	4
5	6	7	8	9	10	11
12	13	14	15	16	17	18
19	20	21	22	23	24	25
26	27	28	29	30		

DEZEMBRO

D	S	T	Q	Q	S	S
					1	2
3	4	5	6	7	8	9
10	11	12	13	14	15	16
17	18	19	20	21	22	23
24	25	26	27	28	29	30

ATIVIDADES

1 Complete as frases.

A semana tem _____ dias.

Os dias da semana em que não temos aula são: _____ e _____.

O mês de fevereiro tem _____ dias, mas de _____ em _____ anos ele tem _____ dias.

Os outros meses têm _____ ou _____ dias.

2 Em que dia da semana você nasceu? Pergunte a algum adulto que mora com você.

_____

3 Faça no caderno uma tabela igual à apresentada a seguir. Depois, preencha essa tabela com as atividades que você realiza em cada período e dia da semana.

	Domingo	Segunda-feira	Terça-feira	Quarta-feira	Quinta-feira	Sexta-feira	Sábado
Manhã							
Tarde							
Noite							

EU GOSTO DE APRENDER

Confira o que você estudou nesta lição.
- Há diferentes modos de perceber a passagem do tempo.
- A passagem do tempo interfere na nossa rotina.
- Há muitas formas de marcar e organizar o tempo.
- Os relógios marcam as horas, os minutos e os segundos.
- Os calendários marcam os anos, os meses e os dias da semana.

ATIVIDADES

1 Circule os tipos de relógio que você conhece.

2 Responda oralmente: Para que serve o calendário e como ele é dividido?

3 Desenhe nos relógios os ponteiros indicando os horários.

10 horas e 15 minutos.

Meio-dia.

3 horas e 30 minutos.

6 horas e 45 minutos.

4 Preencha o calendário a seguir com os dias e os nomes dos aniversariantes da turma de cada mês.

ANIVERSARIANTES

JANEIRO

_____
_____
_____
_____
_____
_____

FEVEREIRO

_____
_____
_____
_____
_____
_____

MARÇO

_____
_____
_____
_____
_____
_____

ABRIL

_____
_____
_____
_____
_____
_____

MAIO

_____
_____
_____
_____
_____
_____

JUNHO

_____
_____
_____
_____
_____
_____

JULHO

_____
_____
_____
_____
_____
_____

AGOSTO

_____
_____
_____
_____
_____
_____

SETEMBRO

_____
_____
_____
_____
_____
_____

OUTUBRO

_____
_____
_____
_____
_____
_____

NOVEMBRO

_____
_____
_____
_____
_____
_____

DEZEMBRO

_____
_____
_____
_____
_____
_____

EU GOSTO DE APRENDER MAIS

Os relógios do passado

Os relógios que conhecemos hoje nem sempre existiram. No passado, as pessoas mediam o tempo de um jeito um pouco diferente de como medimos atualmente. Elas usavam, por exemplo, a posição do Sol, areia e até água.

Observe alguns aparelhos utilizados antigamente para medir o tempo.

O relógio de sol é um instrumento que marca a passagem das horas com base na posição do Sol. Na foto, relógio de sol do Jardim Botânico de Brasília (DF).

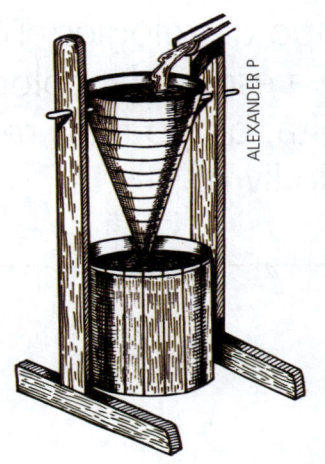

O relógio de água, também conhecido como clepsidra, é um dos instrumentos mais antigos de medição do tempo.

Na ampulheta, a areia cai de um recipiente para outro em determinado tempo.

ATIVIDADES COMPLEMENTARES

1 Ligue o relógio da coluna **A** ao seu respectivo nome na coluna **B**.

Relógio de sol

Relógio analógico

Ampulheta

Clepsidra

Relógio digital

2 Organize a seguir uma linha do tempo de relógios. Trace a linha da esquerda para a direita. Na esquerda, coloque o tipo de relógio mais antigo e, à direita, o tipo mais recente. Use os adesivos das páginas finais do livro.

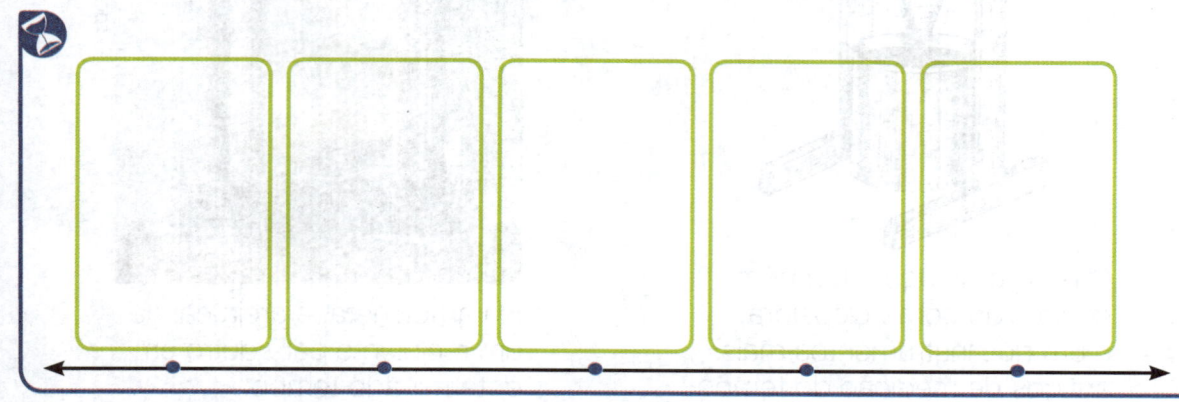

LIÇÃO 4
O TEMPO E A HISTÓRIA

Um poema sobre o tempo

O **presente** é tudo o que acontece no momento em que vivemos.

O **passado** é tudo o que já aconteceu. Pode ter sido algo que aconteceu antes de você nascer, antes de seus pais nascerem ou mesmo algo que aconteceu ontem.

O **futuro** é tudo o que ainda não aconteceu, que vai acontecer em um tempo ainda não vivido.

Leia o poema.

O passado, o presente e o futuro!

O PASSADO...
O passado já passou
Foi, não mais voltou
Nem nunca mais voltará...
Foi o que foi, existiu [...]
Que se tinha de passar!

O PRESENTE...
O presente é este tempo
O agora, o já, este momento
Que penso, sinto e escrevo...
Meus dias, horas, anos
Amores, desamores, desenganos
Esperando desvendar o segredo!

O FUTURO...
O futuro é incerto
O futuro pode estar perto
Ou até nunca chegar...
O futuro do dia a dia,
O segredo, o medo, a fantasia
De um sonho realizar!

Chica Ilhéu. *O passado, o presente e o futuro!* Disponível em: https://chicailheu.blogs.sapo.pt/95935.html. Acesso em: 27 jan. 2022.

ATIVIDADES

1 Escolha um tempo descrito no poema e represente-o em um desenho.

2 A autora do poema afirma que "O passado já passou".

a) Escreva algo sobre um momento de sua vida que passou e foi importante para você.

_____
_____
_____

b) Agora, desenhe esse momento.

3 Responda com as palavras "passado", "presente" ou "futuro", de acordo com o poema.

a) "O agora, o já, este momento"

_____

b) "Foi, não mais voltou"

_____

c) "O _____ pode estar perto ou até nunca chegar"

4 O que você está fazendo neste momento? Desenhe e escreva.

_____

_____

_____

- Marque com um **X**. O acontecimento que você desenhou faz parte do tempo:

☐ futuro.   ☐ passado.   ☐ presente.

5 Os lugares mudam com o passar do tempo. Observe, a seguir, fotos do Viaduto Santa Ifigênia, na cidade de São Paulo, em épocas diferentes.

Viaduto Santa Ifigênia, em São Paulo, por volta de 1920.

Viaduto Santa Ifigênia, em 2011.

- Como seria essa paisagem no futuro? Imagine-a e desenhe-a.

Há muito tempo e agora

Você já parou para pensar como era sua escola ou sua moradia no passado? E como era seu bairro há muito tempo?

Os lugares e as construções que existem em uma cidade contam um pouco sobre como os moradores dessas localidades têm vivido no decorrer do tempo.

Observe nas fotos a seguir as mudanças ocorridas em uma avenida na cidade do Recife (PE), em diferentes momentos.

Avenida Boa Viagem, no Recife (PE), na década de 1950.

Avenida Boa Viagem, no Recife (PE), em 1993.

Avenida Boa Viagem, no Recife (PE), em 2010.

ATIVIDADES

1 Responda às questões a seguir.

a) Há quanto tempo sua moradia foi construída?

_____

b) O que mudou e o que permaneceu igual nela ao longo dos anos?

_____

_____

c) Como você obteve informações sobre a história de sua moradia?

_____

2 Observe novamente as fotos da página anterior. Identifique o que mudou nessa avenida ao longo do tempo e preencha o quadro.

	1950	1993	2010
A calçada foi modificada.			
As árvores estão no canteiro central.			
As árvores estão na calçada.			
Há quiosques na calçada.			
Os modelos dos carros são diferentes.			
Os carros estacionavam no canteiro central.			

3 Observe com atenção a foto a seguir. Compare a sala de aula da foto com sua sala de aula.

Professora e alunos em sala de aula, nos anos 1960.

a) As carteiras de sua sala de aula são iguais ou diferentes das mostradas na foto?

☐ São iguais.   ☐ São diferentes.

b) Escreva uma diferença entre as carteiras do passado e as atuais.

_____

c) E o quadro de giz, é igual ou diferente?

☐ É igual.   ☐ É diferente.

d) Quais são as semelhanças e as diferenças entre o quadro de giz do passado e o atual?

_____

EU GOSTO DE APRENDER

Leia o que você estudou nesta lição.

- O presente é tudo o que está acontecendo agora.
- O passado é tudo o que aconteceu antes, tudo o que já passou.
- O futuro é o que ainda vai acontecer.
- Os lugares mudam com o passar do tempo.
- Lugares e construções contam como as pessoas têm vivido ao longo dos anos.

ATIVIDADES

1 Relacione o acontecimento ao tempo.

A Presente. **B** Passado. **C** Futuro.

☐ Eu aprendi a ler aos 6 anos.

☐ No ano que vem, pretendo cursar o 3º ano.

☐ Eu estou lendo esta frase.

☐ Eu comecei a falar com 1 ano.

☐ Eu gosto de estudar História.

☐ Aos 8 anos, vou ganhar uma bicicleta.

2 Observe as fotos e faça o que se pede.

1

2

a) Registre uma semelhança entre as duas fotos.

___

b) Registre uma diferença entre as duas fotos.

___

c) Qual das duas fotos é a mais antiga?

___

LEIA MAIS

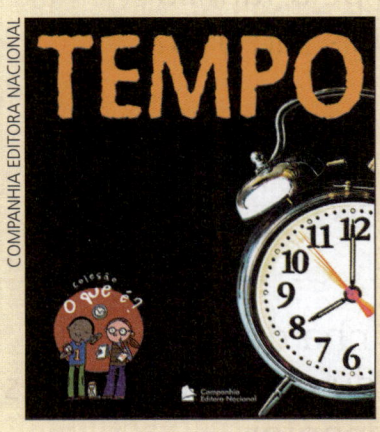

Tempo

Phillippe Nessmann. São Paulo: Companhia Editora Nacional, 2014. (Coleção O Que É?).

Um livro que trata do tempo. O tempo passa, mas ninguém pode realmente dizer o que ele é. Será que é possível voltar ao passado?

EU GOSTO DE APRENDER MAIS

História dos computadores

Muitos objetos usados todos os dias e que temos disponíveis em muitos lugares nem sempre existiram.

Os primeiros computadores, por exemplo, foram desenvolvidos por volta de 1940. Eles são chamados pela sigla ENIAC. Observe, a seguir, um trecho da linha do tempo do computador.

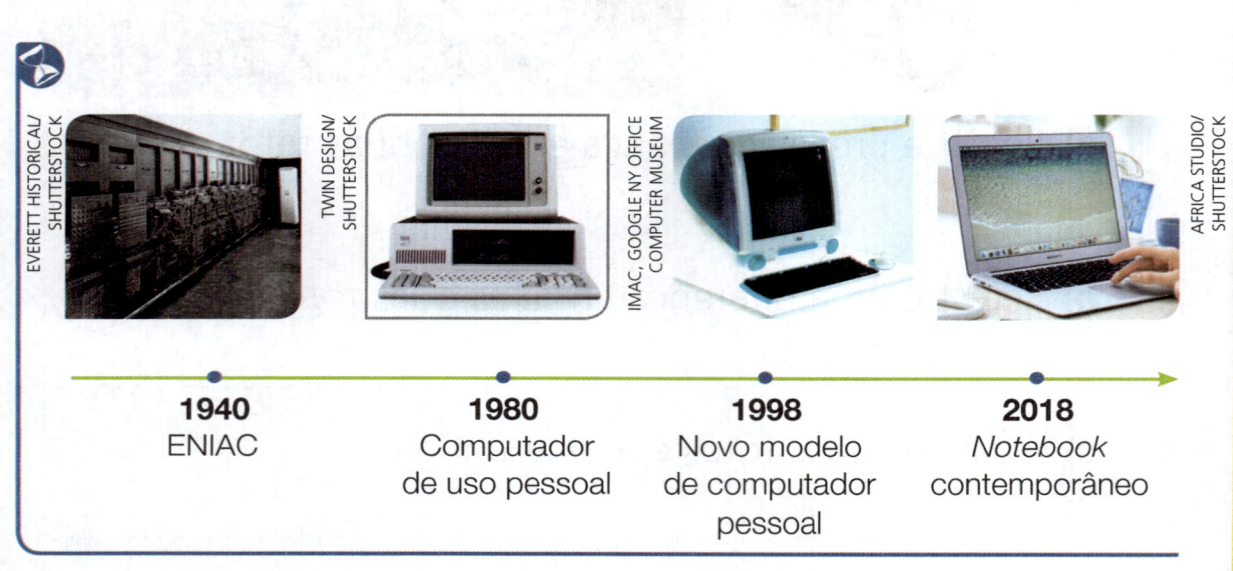

1940	1980	1998	2018
ENIAC	Computador de uso pessoal	Novo modelo de computador pessoal	Notebook contemporâneo

ATIVIDADES COMPLEMENTARES

1. Na sua casa há objetos antigos usados pela família diariamente que ainda funcionam? Quais são eles?

_____

_____

_____

2. Mostre para um adulto da sua casa a linha do tempo dos computadores e pergunte se ele usou ou usa algum desses modelos. Circule a fotografia que ele apontar.

LIÇÃO 5 — OS REGISTROS DA HISTÓRIA

Os objetos contam histórias

Quando um bebê nasce em uma maternidade, mãe e filho recebem uma pulseira de identificação. Na pulseira do bebê, escreve-se o nome da mãe. Na pulseira da mãe, o nome do bebê. Isso evita que as crianças sejam confundidas.

Qualquer objeto que traz informações sobre a história das pessoas pode ser considerado um **registro** ou uma **fonte material**.

Um convite de festa de aniversário nos permite saber quando e onde uma criança comemorou seu aniversário.

O triciclo de uma criança conta parte da história de sua infância.

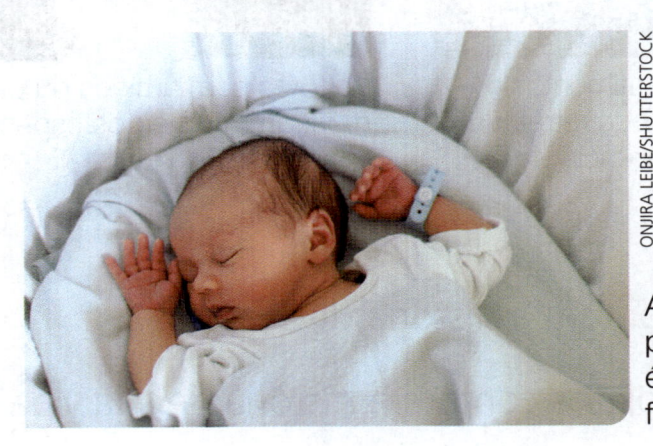

A pulseira usada por recém-nascidos é um exemplo de fonte material.

57

A história pessoal

Os brinquedos, as roupas, os livros, os diários, as fotos e muitos outros objetos podem ajudar a contar histórias sobre a vida das pessoas.

Além de conhecermos os gostos e as preferências de cada um por meio dos objetos, é possível também descobrir os lugares por onde as pessoas passaram e as experiências que viveram, como os passeios e as viagens que fizeram e as festas das quais elas participaram.

Um par de sapatinhos traz informações sobre quem o usou.

A bola de futebol de uma criança informa que ela pratica esse esporte.

O desenho expressa sentimentos e gostos, mas também pode retratar um momento ou uma experiência vivida por quem o fez.

As fotos com amigos ou parentes mostram momentos especiais.

- Quais objetos contam a história de sua vida?

- Por que esses objetos contam a história de sua vida?

A história coletiva

Fazemos parte de diferentes grupos, como da família, da escola, do prédio, da rua, do bairro, da praça, do clube etc. Chamamos cada um desses grupos **comunidade**.

Cada comunidade tem uma história própria, formada no contato entre as pessoas que fazem parte dessa comunidade. Ou seja, diariamente estamos construindo as histórias dos grupos dos quais fazemos parte.

Assim como acontece com as histórias pessoais, os objetos contam um pouco da história das comunidades, das histórias coletivas.

Mas, além dos objetos, há elementos que não são materiais e contam a história das comunidades, como os hábitos e costumes, as danças, as músicas, os pratos típicos etc.

- Você faz parte de muitas comunidades? Quais são elas?
- De que modo você e os outros membros registram as histórias dessas comunidades?

As reuniões de organizações coletivas, como de um condomínio, são geralmente registradas em ata, que é um relato escrito de tudo que foi conversado durante o encontro.

Costumes culturais, como as danças, também são elementos que unem as pessoas de um grupo. Na foto, adultos dançam músicas típicas gaúchas.

Os times de futebol de várzea são muito comuns na periferia das grandes cidades brasileiras. Muitos deles têm uniformes que contam a história desses times. Comunidade Ribeirinha Moura, Barcelos (AM).

Museus são lugares de histórias

Os museus são lugares que contam histórias sobre pessoas, grupos e eventos. Eles abrigam e conservam diferentes tipos de fontes históricas: objetos antigos e novos, textos, filmes, músicas etc.

Existem vários tipos de museu. Alguns deles, além de conservarem objetos que contam histórias, deixam expostos aos visitantes fontes históricas digitais, como vídeos, jogos, áudios etc.

ISMAR INGBER/PULSAR IMAGENS

O Museu do Futebol, localizado em São Paulo, conserva vários objetos que contam a história do esporte. Lá também há jogos eletrônicos, áudios, vídeos e imagens digitais que ajudam o visitante a entender mais a história do futebol no Brasil.

Há até mesmo cidades que permanecem sem alteração ao longo dos séculos, protegidas por órgãos públicos, chamadas museus a céu aberto, porque suas ruas e casas são registros do passado. É o caso da cidade de Paraty, no estado do Rio de Janeiro.

Gravações de rádio, músicas e entrevistas registradas com gravador são chamadas áudios, como os sons que captamos com o celular.

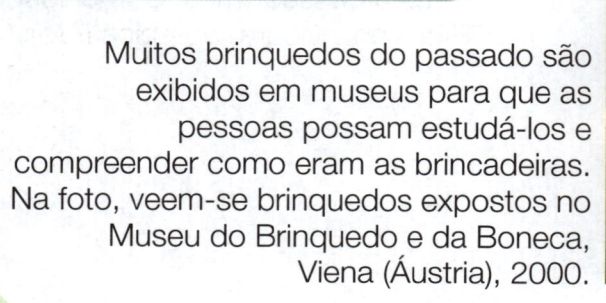

STEFANO AMANTINI/CORBIS

Muitos brinquedos do passado são exibidos em museus para que as pessoas possam estudá-los e compreender como eram as brincadeiras. Na foto, veem-se brinquedos expostos no Museu do Brinquedo e da Boneca, Viena (Áustria), 2000.

Os textos e as imagens contam histórias

As fontes escritas também são importantes, pois nos ajudam a entender um pouco mais sobre as histórias do passado, como a carta de Pero Vaz de Caminha. Nessa carta, ele narra o encontro entre portugueses e indígenas em 1500.

Da mesma forma, encontramos muitas **fontes iconográficas** que nos fornecem pistas sobre o passado.

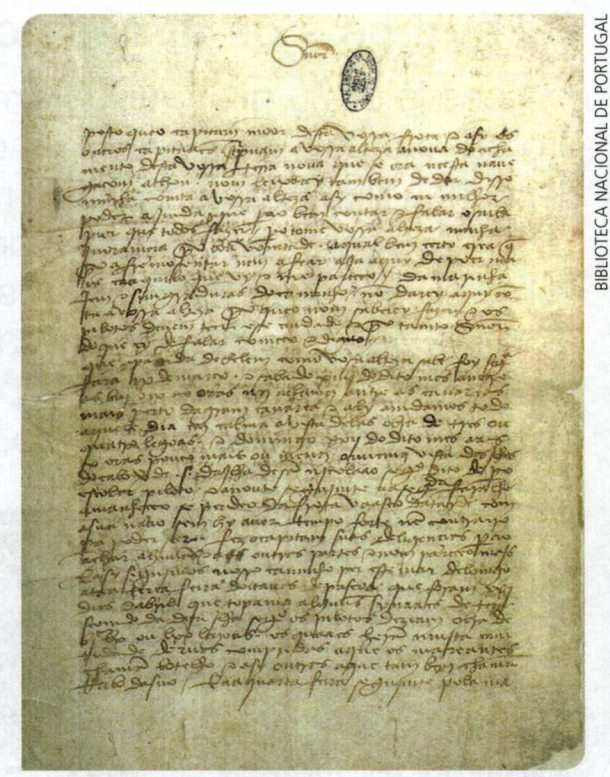

Carta de Pero Vaz de Caminha ao rei de Portugal sobre a expedição de Cabral ao Brasil, em 1500.

VOCABULÁRIO

fontes iconográficas: fotos, obras de arte, ilustrações e mapas.

Uma pintura também é uma fonte iconográfica que nos ajuda a entender um pouco mais sobre as histórias individuais e coletivas. Na reprodução, a pintura *Festa Junina*, de Aracy Boucaut de Andrade (2017). Tinta acrílica sobre tela, 50 cm × 70 cm.

Os áudios e os filmes contam histórias

Você já ouviu **gravações antigas de rádio**? Já assistiu a programas de TV e a propagandas antigas? Já assistiu a filmes e desenhos que seus pais viram na infância?

Assim como as gravações de rádio, os programas, os comerciais de TV, os filmes e os desenhos de tempos atrás, os registros que fazemos de nossa vida em família e nas diversas comunidades das quais participamos também ficam marcados como a memória de um tempo, de uma época ou de um período.

Pai registrando um momento com o filho.

Você costuma registrar em vídeo momentos importantes de sua vida? Como você guarda seus vídeos?

Casal registra em *selfie* o passeio no parque.

ATIVIDADES

1 Faça a correspondência de acordo com as indicações.

A Fonte escrita.

B Fonte ou registro.

C Fonte iconográfica.

D Áudio.

☐ Qualquer tipo de objeto que informe sobre a história das pessoas.

☐ São as gravações de rádio, as músicas e as entrevistas registradas com gravador.

☐ Traz imagens que nos transmitem informações sobre a história das pessoas e das comunidades.

☐ Registra por escrito informações pessoais ou de uma comunidade.

2 Complete a frase com as seguintes palavras: história, hábitos, objetos, materiais, comunidade, costumes.

Além dos _____, fontes que não são _____

_____, como os _____

e os _____, nos ajudam a conhecer a _____

_____ de uma _____.

3 Vamos imaginar que vocês vão organizar um museu para narrar a história da escola. Responda ao que se pede para ajudar na organização desse museu.

a) Qual registro ou fonte não pode faltar nesse museu? Desenhe-o no espaço a seguir.

b) Escreva o nome desse registro ou fonte.
_____

c) Por que você escolheu esse registro ou fonte? Qual a importância dele para a escola?
_____
_____
_____

d) Esse registro ou fonte já está na escola? Caso esteja, como você faria para expô-lo no museu? Se não estiver, como seria possível obtê-lo?
_____

Os lugares contam histórias

Assim como objetos, textos, imagens, sons e filmes contam histórias, os lugares podem explicar acontecimentos e eventos ocorridos no passado. Além disso, podem nos fornecer pistas sobre a história das pessoas que passaram por esses lugares ou moraram neles.

Os lugares que contam histórias podem ser de diversos tipos. Uma praça, uma rua, um monumento, um parque, uma casa particular, um prédio público etc.

Observe as fotos a seguir.

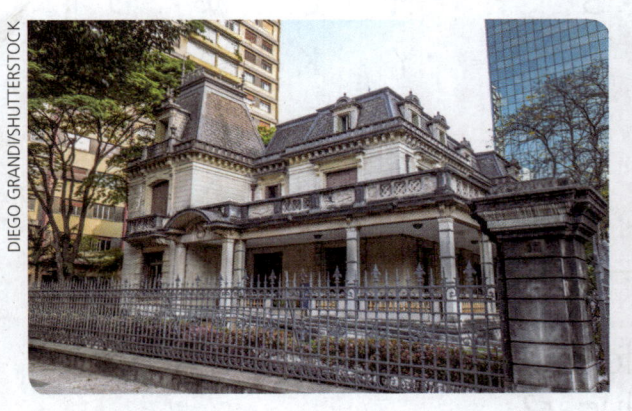

A Casa das Rosas, em São Paulo, foi construída em 1935 para ser a moradia de uma família. Com arquitetura típica do período em que foi erguida, hoje ela é um espaço público no qual ocorrem eventos literários.

A Praça Luiza Távora, em Fortaleza (CE), abriga o Centro de Artesanato do Ceará (CeArt). Lá, é possível encontrar diversos tipos de artesanatos típicos do Ceará.

O Centro Histórico de Olinda (PE) representa uma arquitetura construída há muitos séculos, no período em que o Brasil ainda era colônia portuguesa. Além disso, os materiais usados nessas construções e o padrão das casas nos ajudam a entender um pouco mais a história do lugar e das pessoas que já passaram por lá e das que vivem no local atualmente.

- Você já visitou algum lugar histórico? Qual? Onde ele fica?

ATIVIDADES

1 Encontre, no caça-palavras a seguir, três lugares que contam histórias.

M	L	V	C	T	F	B	L	U	C	Q	A
C	H	J	P	R	E	D	I	C	A	A	C
A	W	Q	A	G	R	K	O	O	Ç	H	X
S	I	F	Z	L	R	M	F	A	A	L	S
T	E	J	I	X	O	B	R	H	U	V	D
E	R	P	W	U	C	P	S	Y	K	O	V
I	R	R	A	D	C	J	I	S	T	P	L
G	M	O	N	U	M	E	N	T	O	R	Z
L	T	Q	H	F	Z	K	P	R	R	U	A

2 Na sua cidade ou bairro, há algum lugar que conte a história da comunidade? Qual é esse lugar?

_____
_____
_____

3 E qual história da comunidade é representada por esse lugar?

_____
_____
_____
_____

4 No caderno, desenhe como é esse lugar.

66

EU GOSTO DE APRENDER

Leia o que você estudou nesta lição.

- Os objetos contam histórias.

- Tudo o que conta a história de uma localidade é uma fonte histórica: roupas, brinquedos, cartas, documentos, casas, músicas, fotos etc.

- Toda pessoa e toda comunidade têm uma história.

- Os registros, as fontes ou os documentos históricos precisam ser conservados, por isso podem ser encontrados em museus.

- Monumentos, casas, praças, parques e ruas são lugares que contam histórias.

ATIVIDADES

1 Os historiadores procuram vestígios do passado em fontes históricas. Circule-as.

2 Observe a foto e complete a ficha.

Museu Théo Brandão em Maceió (AL). Essa instituição abriga a coleção de arte popular do pesquisador Théo Brandão. Foto de 2015.

A foto mostra _____.

Esse museu está localizado em _____.

Esse museu guarda _____.

Os objetos guardados nesse lugar ajudam a compreender a história de uma comunidade, por isso são chamados também de _____.

LEIA MAIS

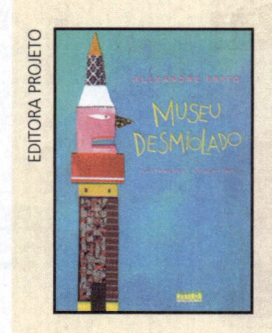

Museu desmiolado

Alexandre Brito. Porto Alegre: Projeto, 2011.

Poemas que falam de museus de tudo que se possa imaginar! Museu de solidão, de assobio, de vento... Até museu de chulé! Esse museu de museus é muito engraçado!

EU GOSTO DE APRENDER MAIS

Fontes históricas misteriosas

Os seres humanos sempre produziram registros de suas vidas. Eles desenharam, escreveram, pintaram em pedras, em madeiras, em placas de barro, em papel feito de vegetais e em outros suportes.

Pesquisadores analisam esses registros deixados por povos do passado para descobrir o que dizem. Muitos já foram decifrados, mas ainda existem inscrições misteriosas, que não sabemos o que significam.

Um exemplo é a escrita encontrada em uma região na qual hoje está localizado o Irã. Um cientista inglês até inventou uma máquina para fotografar e deixar essas inscrições bem nítidas, mas ninguém ainda sabe o que dizem. A única coisa que se descobriu é que foram feitas por pessoas que viveram ali há mais de 4 mil anos.

Placa de argila encontrada no Irã com registros feitos há 4 mil anos e que ainda não foram decifrados.

ATIVIDADES

1 O texto que você leu apresenta que tipo de fontes históricas?

☐ Recentes, de um pesquisador inglês.

☐ Muito antigas, com mais de 4 mil anos.

☐ O texto não apresenta fontes históricas.

2 Em sua opinião, é importante decifrar inscrições feitas por seres humanos no passado? Por quê?

_____

_____

3 Leia o texto e responda.

Você já ouviu falar de "cápsula do tempo"?

As pessoas que querem deixar uma "mensagem" para o futuro podem colocar em uma caixa alguns objetos que demonstrem como vivem. Essa caixa é enterrada ou guardada em algum local e espera-se que seja aberta muitos anos depois.

- Se você fosse preparar uma "cápsula do tempo" para as pessoas do futuro, o que você colocaria nela? Fotos? DVDs? Brinquedos? Celulares? Desenhe no espaço a seguir.

LIÇÃO 6 — O MUNDO DO TRABALHO

O que é trabalho?

Cientista pesquisando em laboratório.

Professora em sala de aula.

Homem realizando tarefas domésticas.

Funcionária de mercado atendendo cliente.

Você sabe que as pessoas adultas trabalham, não é? Em sua família, talvez exista alguém que saia todos os dias para trabalhar.

Então, o que é **trabalho**?

Trabalho é tudo aquilo que o ser humano produz com base em suas capacidades intelectuais e físicas. Estudar, arrumar a casa, cuidar dos filhos, dirigir um ônibus, recolher o lixo, plantar e colher verduras, consertar um carro, pintar um quadro, compor uma música, tudo isso é trabalho.

O trabalho remunerado e as profissões

Algumas pessoas trabalham e recebem salários. Essas pessoas, em geral, têm uma profissão e recebem um salário, ou seja, uma quantia em dinheiro pelo trabalho que executam.

Há profissões que existem há muito tempo, como a de sapateiro. Outras, porém, são novas, como a de programador de jogos eletrônicos.

No passado, era comum que as profissões dos pais fossem aprendidas pelos filhos, como uma tradição familiar. Por exemplo, não havia escolas nem cursos que formavam uma pessoa para ser sapateiro; era o pai que ensinava o filho a consertar e a fazer sapatos.

Hoje, é cada vez mais comum as pessoas estudarem e se especializarem para poder exercer uma profissão. Um programador de jogos, por exemplo, precisa aprender a linguagem de programação que vai utilizar para fazer o jogo existir e funcionar. Talvez ele consiga aprender sozinho ou com algum parente ou amigo, mas provavelmente terá de frequentar um curso especializado ou uma faculdade.

Sapateiro.

Programador de dados.

Trabalhadores nas cidades

Nas cidades, existem muitos trabalhadores em atividades urbanas, como no setor de **serviços**, por exemplo.

Serviços são as atividades que fornecem à população energia elétrica, rede de água e esgoto, transportes, correios, policiamento etc.

Assim, esses trabalhadores podem ser eletricitários, funcionários de rede de água e esgoto, motoristas e cobradores de ônibus, bancários, carteiros etc.

Professores, engenheiros, médicos, dentistas, fisioterapeutas e advogados também oferecem serviços à população.

Além do setor de serviços, em muitas cidades há **indústrias**. Os trabalhadores das indústrias são os operários. Eles podem ser mecânicos, funileiros, soldadores, tecelões etc.

Nas cidades, existem trabalhadores que se dedicam ao **comércio**. Nessa atividade, encontramos profissões como vendedores, caixas de supermercado, atendentes de lojas etc.

Taxista.

Montador de veículos.

Limpadores de janelas.

Trabalhadores no campo

No campo, existem trabalhadores com grande variedade de profissões. Os trabalhadores das fazendas podem se dedicar à plantação ou à pecuária, por exemplo. Podem também cuidar dos laticínios, das fábricas de queijos e de alimentos etc.

Agrônomo em plantação de soja.

Trabalhador em máquina de colheita.

Vaqueiro.

Outro tipo de trabalhador é o **agricultor**, que cuida de pequenas plantações para consumo familiar ou para vender em feiras e supermercados nas cidades. O agricultor tem um sítio ou uma chácara e normalmente vive no local com a família.

Em muitas grandes propriedades, o número de trabalhadores tem diminuído por causa da mecanização da produção, isto é, a introdução de máquinas que fazem o trabalho de várias pessoas, como arar a terra, semear, colher etc.

Agricultora.

ATIVIDADES

1 Observe as fotos e escreva o nome da profissão.

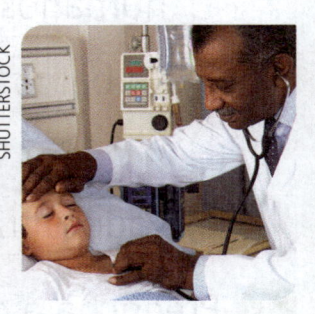

_____   _____   _____   _____

2 Encontre o local de trabalho dos profissionais. Para isso, destaque os adesivos do final do livro.

3 Encontre nas frases a seguir a melhor definição de trabalho e circule-a.

a) Trabalho é uma atividade obrigatória para todos os seres humanos do planeta.

b) Trabalho é tudo aquilo que o ser humano produz com base em suas capacidades intelectuais e físicas.

c) Todo o trabalho é remunerado.

4 Preencha a cruzadinha com as profissões.

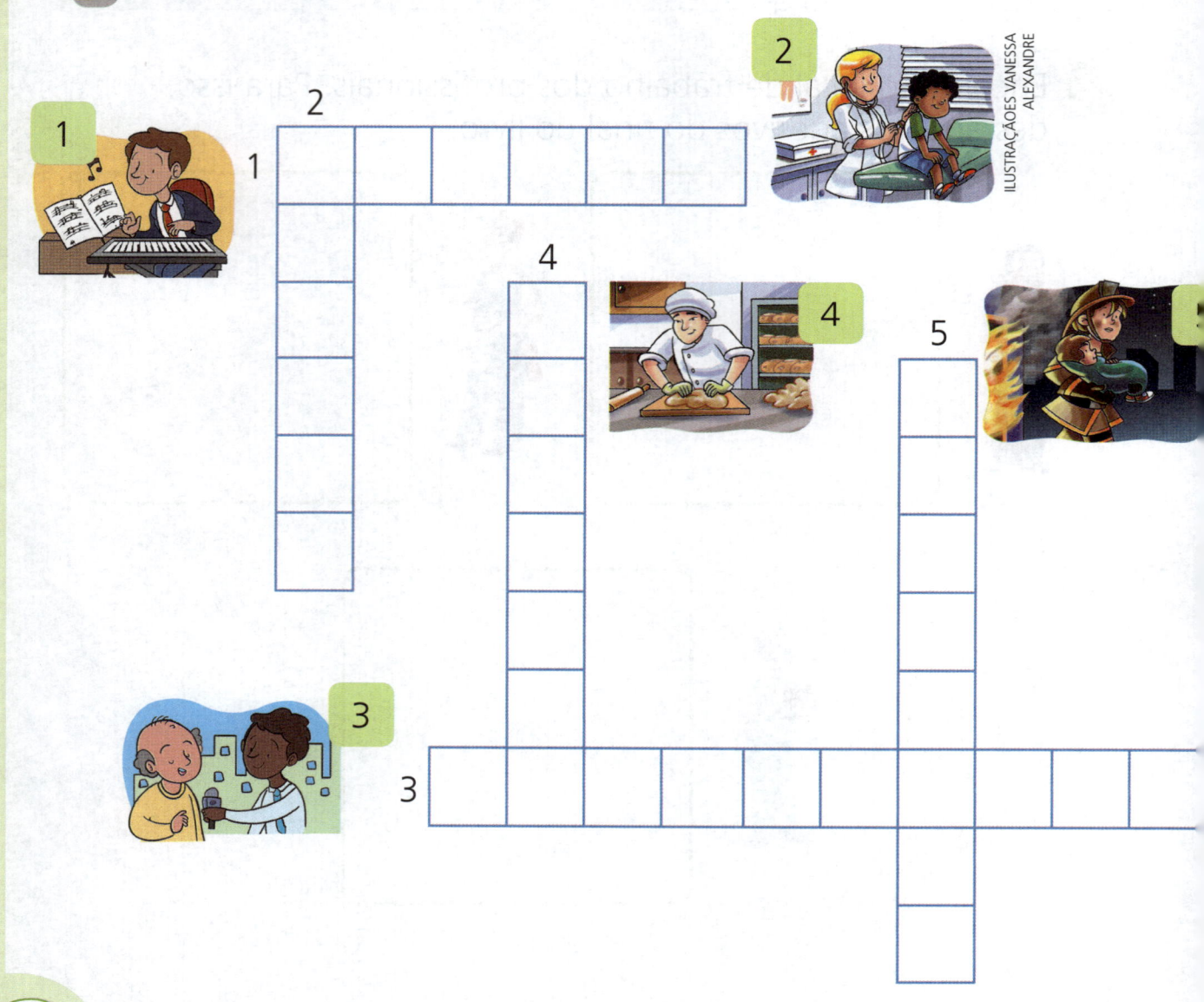

Profissões que desapareceram

Assim como têm surgido novas profissões, muitas outras já desapareceram. Trabalhos que eram comuns no passado deixaram de ser feitos e, por isso, o profissional especializado nessa atividade não existe mais. Acompanhe.

- **Motorneiro**: era o condutor de bondes.
- **Acendedor de lampiões**: era quem acendia lampiões de gás nas ruas, quando ainda não existia energia elétrica.

Bonde conduzido por motorneiro, São Paulo, 1954.

Acendedor de lampiões, Rio de Janeiro, por volta de 1900.

Muitas profissões estão desaparecendo em função dos avanços tecnológicos, como:

- **Caixa de estacionamento**: fornece tíquetes e faz a cobrança da taxa de estacionamento.
- **Cobrador de ônibus**: cobra a tarifa e fornece aos passageiros informações sobre o trajeto do ônibus.

EU GOSTO DE APRENDER

Confira o que você estudou nesta lição.

- Trabalho é tudo aquilo que o ser humano produz com base em suas capacidades intelectuais e físicas.

- Algumas pessoas trabalham e recebem salários. Elas têm uma profissão e um trabalho remunerado.

- Há profissões que são mais praticadas na cidade, e outras, mais executadas no campo.

- Há profissões muito antigas, como a de sapateiro. E outras mais novas, como a de programador de jogos eletrônicos.

- Existem profissões que desapareceram, como motorneiros e acendedores de lampião.

- Há profissões que estão desaparecendo, como cobrador de ônibus e caixa de estacionamento.

ATIVIDADES

1. O que é salário?

_____

2. Marque um **X** na frase correta.

    ☐ Todo trabalho é remunerado.

    ☐ Atividades não remuneradas, como as tarefas domésticas, também são consideradas trabalho.

3 Com a ajuda dos adultos de sua casa, responda ao que se pede.

- A profissão de cada um deles:

_____   _____
       adulto 1   adulto 3

_____   _____
       adulto 2   adulto 4

4 No passado, havia muitas profissões que hoje não existem mais. Observe a foto ao lado e, depois, responda.

a) Que trabalho esse homem fazia?

_____

b) Você já ouviu falar dessa profissão?

_____

c) Em casa, pergunte aos adultos se eles sabem que outras profissões parecidas com essa da foto existiram no Brasil. Registre nas linhas a seguir o resultado dessa pesquisa.

Aguadeiro, trabalhador que vendia água nas ruas das cidades. Paris, França. Foto de 1900.

_____
_____

EU GOSTO DE APRENDER MAIS

Vendedores de antigamente

Observe esta pintura feita pelo artista francês Jean-Baptiste Debret, no século XIX.

Vendedores de leite e capim (1835), de Jean-Baptiste Debret. Litografia, 24 cm × 32,8 cm.

Nesse quadro, Debret representou pessoas escravizadas vendendo produtos no Rio de Janeiro.

Elas tinham de entregar parte do dinheiro recebido pela venda aos seus senhores.

Na época, elas eram chamadas "escravos de ganho".

ATIVIDADES COMPLEMENTARES

1. Pinte os quadrinhos dos elementos que podem ser vistos na pintura.

    ☐ Pessoas com latões de leite na cabeça.

    ☐ Pessoas com tabuleiros de doces.

    ☐ Pessoas sem nada nas mãos ou na cabeça.

    ☐ Pessoas com maços de capim na cabeça.

2 O quadro mostra um meio de transporte daquela época. Qual é?

☐ Um trem.

☐ Um carro de bois.

☐ Um cavalo.

☐ Uma charrete.

3 Observe novamente as pessoas. De acordo com o texto, quem são elas?

_____

4 As profissões mostradas na litografia de Debret, "vendedores de leite" e "vendedores de capim", ainda existem?

_____

LEIA MAIS

Samot e as profissões

Regina Drummond. São Paulo: Rideel, 2012.

O personagem Samot aparece em diversos livrinhos da coleção. Nesse volume, o leitor precisa descobrir qual é a profissão que ele exerce. Será médico? Professor? Astronauta?

LIÇÃO 7
O TRABALHO PERTO DE VOCÊ

Na sua opinião, essas pessoas estão no trabalho ou em um momento de lazer?

83

O trabalho doméstico

Limpar a casa, cozinhar, lavar a roupa e recolher o lixo são atividades chamadas **trabalho doméstico**. Há trabalhadores que recebem um salário para realizar essas tarefas, trabalhando na casa de pessoas que os contratam. No entanto, também é comum, em muitos lares, que os próprios moradores se encarreguem da execução dessas atividades.

No Brasil, em geral, são as mulheres as encarregadas da realização das tarefas domésticas. E isso ocorre até com aquelas que têm trabalho remunerado. Esse acúmulo de tarefas é chamado dupla jornada, pois a pessoa trabalha tanto fora como dentro de casa. Mas, em algumas famílias, as tarefas são compartilhadas por todos os membros.

ATIVIDADES

1. Na sua opinião, qual é a mensagem retratada na imagem acima?

2. Você concorda com a mensagem da imagem? Justifique sua resposta.

Os trabalhadores da comunidade

Como você já aprendeu, todos nós fazemos parte de diferentes comunidades. Mas você já reparou na quantidade de pessoas que trabalham em cada uma delas?

Em todos os grupos dos quais fazemos parte, existem muitas pessoas que realizam atividades que ajudam todos os demais membros da comunidade, fazendo com que tudo funcione com mais eficiência. Essas pessoas recebem salário pelo trabalho que realizam.

O funcionário da padaria, o agricultor, o carteiro, o professor, o coletor de lixo e o veterinário são exemplos de trabalhadores da comunidade.

Professora.

Coletores de lixo.

Veterinário.

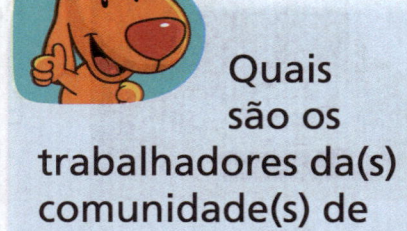

Quais são os trabalhadores da(s) comunidade(s) de que você participa?

ATIVIDADES

1 A seguir, reconheça quem são os trabalhadores de sua comunidade. Escreva o nome da profissão e a importância de cada um deles para o lugar em que você mora.

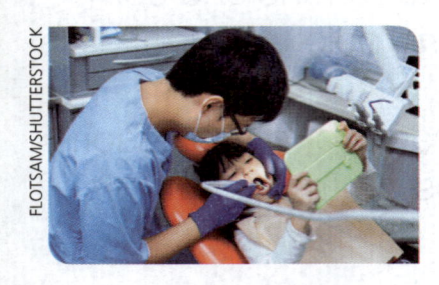

Profissão: _____

É importante porque _____

_____.

Profissão: _____

É importante porque _____

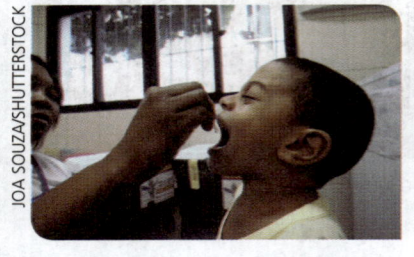

_____.

Profissão: _____

É importante porque _____

_____.

Profissão: _____

É importante porque _____

_____.

Profissão: _____

É importante porque _____

_____.

Os tipos de trabalhadores

Você percebeu quantos trabalhadores são necessários para fazer uma comunidade funcionar?

Alguns desses trabalhadores são funcionários do governo. Eles são chamados **servidores públicos**. Isso porque se dedicam às atividades relacionadas ao funcionamento da sociedade, e a remuneração que recebem pelo trabalho que executam vem dos impostos pagos pela população.

Esses trabalhadores realizam atividades de grande importância para a população, trabalhando nas áreas da saúde, da segurança e da educação.

Além dos servidores públicos, há outro tipo de trabalhador que se dedica à população, principalmente às pessoas em situação difícil. São trabalhadores que atuam de modo **voluntário** e não recebem remuneração pelas atividades que realizam. Eles são guiados por princípios de solidariedade.

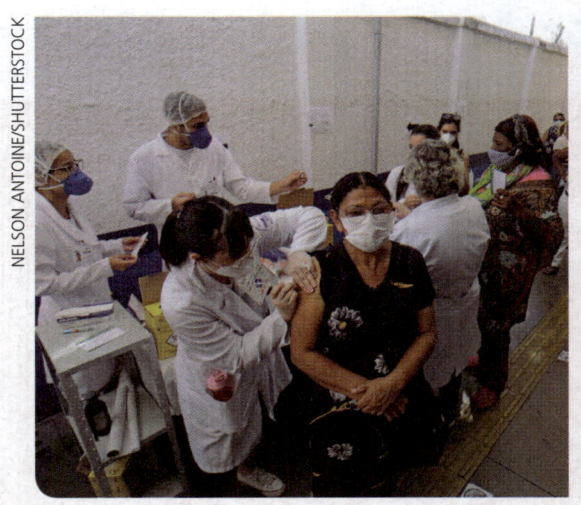

Funcionários públicos trabalhando na campanha de vacinação contra a covid-19. São Paulo, 2021.

Distribuição de alimentos durante ação social realizada em Salvador (BA), 2019.

Você conhece alguma pessoa que realiza trabalho voluntário? Quem é? O que ela faz?

Criança não trabalha

O Estatuto da Criança e do Adolescente (ECA) é um conjunto de leis que protege as crianças brasileiras, garantindo que todas possam ser respeitadas e cuidadas e que tenham direito ao lazer e a praticar esportes.

O ECA estabelece que nenhuma criança deve trabalhar, porque o trabalho impede que essa criança desenvolva habilidades emocionais e intelectuais. Além disso, a criança que trabalha fica mais exposta à violência e aos riscos de se machucar.

Essa lei estabelece ainda que, a partir dos 14 anos, o adolescente pode ser aprendiz, ou seja, pode aprender uma habilidade profissional, por algumas horas ao dia. E somente a partir dos 16 anos o adolescente pode começar a trabalhar e a receber salário. Mas desde que essa atividade não prejudique sua saúde nem os estudos.

As crianças não podem trabalhar, pois precisam estudar e crescer com saúde.

Cartaz da Secretaria Municipal de Desenvolvimento Social da cidade de Caetité (BA) para campanha de conscientização contra o trabalho infantil.

Atividades da criança em casa

Quando uma criança ajuda a família nas atividades de casa, ela está realizando um trabalho muito importante, que contribuirá para que aprenda a viver em grupo e a cuidar de si mesma.

As crianças podem ajudar em todas as tarefas que não apresentem riscos nem interfiram em seus estudos e em suas brincadeiras.

Em casa, a criança pode e deve ajudar nas atividades. Ela também deve ser responsável por cuidar de si mesma e de suas coisas.

Observe alguns exemplos.

ATIVIDADES

1 Assinale com um **X** a imagem em que algum direito das crianças não está sendo respeitado.

☐

☐

☐

2 Crie uma frase alertando que no Brasil o trabalho infantil é proibido.

_____

_____

3 Você conhece ou já ouviu falar de alguma criança que trabalha? Por que você acha que isso ainda acontece no nosso país?

4 Explique por que a criança não pode trabalhar como os adultos.

_____
_____
_____
_____
_____

5 Escreva quatro atividades que você realiza em casa para ajudar seus familiares.

_____
_____
_____
_____

6 Marque um **X** nas atividades que **não** são próprias para uma criança.

☐ Cozinhar por conta própria, sem a presença de um adulto.

☐ Arrumar a cama e guardar os brinquedos.

☐ Ir sozinha ao supermercado e fazer as compras para casa.

☐ Auxiliar o(s) irmão(s) menor(es) enquanto os pais estão atarefados.

Da natureza para a nossa casa

No Brasil, é comum, pela manhã, as crianças tomarem café com leite, comerem pão com manteiga e, às vezes, alguma fruta, como mamão, banana e laranja.

Mas você já pensou de onde vem a comida que você consome todos os dias?

Muitas pessoas trabalham para que o alimento chegue até sua mesa. Observe, a seguir, quais os passos para a fabricação do pão.

Colheita de trigo.

Armazenamento do trigo em silos.

Produção da massa.

Transporte das sacas.

Produção da farinha de trigo.

Comercialização.

Consumo.

ATIVIDADES

1 Quais são seus legumes, frutas e verduras prediletos? Eles são cultivados próximos à sua casa?

_____

_____

_____

_____

2 Este livro, seu caderno e todas as folhas que você utiliza para desenhar, escrever e pintar são de papel. Você já pensou como é feito o papel? Pesquise na biblioteca ou na internet as etapas da fabricação do papel. Depois, escreva aqui, em uma sequência que vai da origem ao uso na sala de aula, as etapas da produção do papel.

_____

_____

_____

_____

_____

_____

_____

_____

EU GOSTO DE APRENDER

Leia o que você estudou nesta lição.

- Limpar a casa, cozinhar, lavar a roupa e recolher o lixo são atividades chamadas trabalho doméstico.

- Dupla jornada ocorre quando uma pessoa realiza um trabalho remunerado e também executa as tarefas da casa.

- Há pessoas que trabalham para a comunidade e recebem remuneração pelas atividades que realizam.

- Em uma comunidade, há diversos tipos de trabalhadores, como os funcionários públicos e os voluntários.

- O Estatuto da Criança e do Adolescente (ECA) proíbe o trabalho infantil.

- As crianças podem e devem fazer atividades para ajudar os familiares nas tarefas domésticas.

- As crianças podem cuidar do que é seu, como brinquedos, arrumar a cama, guardar suas roupas etc.

- As crianças não devem realizar tarefas perigosas ou que interfiram em seus estudos e suas brincadeiras.

- Com o trabalho de muitas pessoas, produtos são retirados da natureza e chegam até nós, para serem consumidos.

ATIVIDADES

1. Do momento em que sai de casa para ir à escola até seu retorno a casa, você se relaciona com diferentes trabalhadores. Quem são eles e quais atividades realizam?

Preencha o quadro a seguir.

TRABALHADOR	ATIVIDADE

2 Preencha o quadro a seguir com as tarefas realizadas em sua casa e o nome da pessoa responsável por executá-las.

TAREFA	RESPONSÁVEL

3 Com base no quadro que você preencheu, qual é o membro da família que mais executa tarefas?

_____
_____
_____

EU GOSTO DE APRENDER MAIS

O trabalho infantil no passado

Há duzentos ou trezentos anos, em muitos lugares, não havia leis que protegessem as crianças, como hoje existe o ECA. As crianças eram consideradas "adultos imperfeitos", que ainda não haviam crescido, por isso não eram capazes de executar as mesmas atividades que os adultos.

Não havia roupas apropriadas para as crianças brincarem livremente. Não havia escolas que acompanhassem seu crescimento. Também não havia atividades de lazer que fossem consideradas exclusivas das crianças.

Naquele tempo, as crianças eram obrigadas a trabalhar e o salário que recebiam ajudava a pagar as despesas da família.

Elas começavam a trabalhar por volta dos 6 anos. A maioria delas trabalhava em fábricas de tecido, cerca de quatorze horas por dia. E, mesmo trabalhando tanto, elas recebiam muito menos que os adultos, exatamente porque não eram adultos.

Essas crianças não podiam brincar nem conversar durante o expediente de trabalho, chegando a ser fisicamente castigadas caso não cumprissem as ordens do proprietário da fábrica.

Por causa dos maus-tratos e das longas horas de trabalho, elas ficavam constantemente doentes, e a mortalidade entre as crianças era muito alta.

Cena em mina de carvão na Inglaterra, ilustração. *Le Magasin Pittoresque*, 1843.

ATIVIDADES COMPLEMENTARES

1 Observe as fotos a seguir e responda ao que se pede.

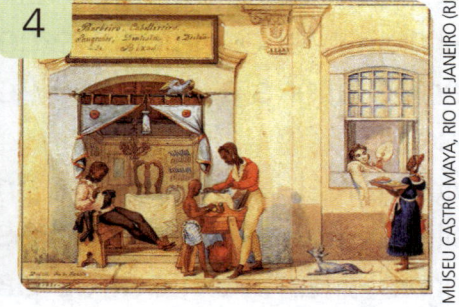

1 GLYNSIMAGES2013/SHUTTERSTOCK

2 RAWPIXEL.COM/SHUTTERSTOCK

3 CHIPPIX/SHUTTERSTOCK

4 MUSEU CASTRO MAYA, RIO DE JANEIRO (RJ)

a) Quais imagens são do passado e quais são dos dias atuais? Como você conseguiu identificar essa diferença?

_____

b) Em qual dessas imagens podemos dizer que as crianças estão trabalhando por um salário?

_____
_____
_____

c) Você realiza alguma atividade parecida com a das fotografias? Qual?

LIÇÃO 8 — DATAS COMEMORATIVAS

Dia Nacional do Livro Infantil

Em 18 de abril de 1882, na cidade de Taubaté, no estado de São Paulo, nasceu José Renato Monteiro Lobato.

Juca, como era chamado, brincava com as irmãs menores, Ester e Judith, com os brinquedos feitos por eles próprios, usando sabugo de milho, chuchus e mamão verde. Gostava de ler os livros de seu avô materno, o visconde de Tremembé. A mãe ensinou o menino a ler e a escrever. Aos 7 anos, ele entrou na escola.

Monteiro Lobato foi um grande escritor brasileiro. Ele escreveu dezessete livros para crianças e também outros para adultos. A data de seu nascimento, **18 de abril**, foi escolhida para comemorar o Dia Nacional do Livro Infantil.

O escritor na editora que ele fundou, Monteiro Lobato e Cia. Editores, em 1920.

LEIA MAIS

Reinações de Narizinho

Monteiro Lobato. São Paulo: Globo, 2012.

O livro narra as aventuras que acontecem no Sítio do Picapau Amarelo e apresenta Emília, Tia Nastácia, Dona Benta e sua neta Lúcia. Mais conhecida como Narizinho, é Lúcia quem conduz o leitor nas viagens pelo mundo da fantasia.

ATIVIDADES

1 Você conhece os personagens do *Sítio do Picapau Amarelo*?

• Identifique alguns deles de acordo com as informações a seguir.

A É a menina do nariz arrebitado.

B Sábio feito de sabugo de milho.

C Boneca de pano falante.

D Faz doces muito gostosos.

E Mora na cidade e passa as férias no sítio.

F É a vovó mais querida do mundo.

ILUSTRAÇÕES: JOSÉ LUÍS JUHAS

Você se lembra dos nomes desses personagens?

Dia do Indígena

Em **19 de abril**, comemora-se o Dia do Indígena.

Antes da chegada dos portugueses, outros povos já habitavam o Brasil. Eles receberam o nome de "índios", dado pelos primeiros navegadores, que pretendiam chegar às Índias, terras onde havia produtos para serem comprados que, depois, seriam vendidos na Europa. Porém, em vez de chegar às Índias, esses primeiros navegadores acabaram encontrando um novo continente, a América.

A chegada dos portugueses trouxe problemas para a vida dos povos indígenas. Muitos foram obrigados a abandonar suas terras, outros foram levados à força para trabalhar nas fazendas criadas pelos novos moradores.

No Brasil, ainda existem muitas nações indígenas, com costumes diferentes uns dos outros. Esses costumes são, muitas vezes, diferentes dos praticados nas cidades pelos não indígenas. As vestimentas, os alimentos, o modo de trabalhar e as moradias mostram essas diferenças.

Indígenas Yawalapiti, da aldeia Tuatuari, durante a festa do peixe para alegrar a aldeia quando ela está triste. Gaúcha do Norte (MT), 2017.

ATIVIDADES

1 Procure no diagrama algumas atividades desenvolvidas pelos povos indígenas brasileiros. Consulte o quadro a seguir.

caçar   plantar   pintar   pescar   colher   construir

W	A	P	P	P	L	A	N	T	A	R
A	C	I	E	A	X	P	L	A	A	A
C	O	N	S	T	R	U	I	R	R	H
V	L	T	C	A	Ç	A	R	G	G	A
Z	H	A	A	O	H	E	L	M	M	A
A	E	R	R	A	A	Z	A	O	O	A
A	R	A	C	A	Z	A	A	B	B	A

2 A influência da cultura indígena está presente em nosso dia a dia. Pesquise e cite exemplos da influência indígena na cultura brasileira:

a) no vocabulário: _____.

b) na culinária: _____.

c) nos costumes: _____.

101

3 Observe as fotos de algumas crianças indígenas.

Crianças no Parque Indígena do Xingu, no estado de Mato Grosso.

Crianças indígenas em Uiramutã, no estado de Roraima.

a) O que as fotos mostram?

_____
_____

b) Quais são as diferenças entre as fotos?

_____
_____

c) E quais são as semelhanças?

_____
_____

d) O jeito de brincar das crianças indígenas é muito diferente do seu jeito de brincar? Explique.

_____
_____

Dia da chegada dos portugueses ao Brasil

Imagine o que pensaram os indígenas, primeiros habitantes do território brasileiro, quando viram chegar pelo mar grandes barcos com pessoas muito diferentes deles.

Em 1500, o rei de Portugal organizou uma esquadra de caravelas e naus para procurar novas terras. O comandante dessa esquadra foi Pedro Álvares Cabral.

No dia **22 de abril** de 1500, a esquadra avistou um monte, que recebeu inicialmente o nome de Monte Pascoal. Pensando que a terra descoberta fosse uma ilha, Cabral deu a ela o nome de Ilha de Vera Cruz.

Mais tarde, ao se constatar o engano, pois se tratava de um grande território, mudou-se o nome para Terra de Santa Cruz.

E, como havia aqui grande quantidade de pau-brasil, uma árvore de madeira cor de brasa da qual se extraía uma tinta vermelha que servia para tingir tecidos, a terra passou a ser chamada de Brasil.

Hoje, no entanto, existem no país poucas árvores dessa espécie que emprestou seu nome para a nação que nascia.

Desembarque de Pedro Álvares Cabral em Porto Seguro em 1500 (1922), de Oscar Pereira da Silva. Óleo sobre tela, 190 cm × 333 cm.

ATIVIDADES

1 Marque um **X** nas alternativas que completam as frases a seguir.

a) Comandava a esquadra que chegou ao Brasil em 1500:

☐ Pero Vaz de Caminha.   ☐ Dom João III.

☐ Pedro Álvares Cabral.

b) Os portugueses chegaram à nova terra utilizando:

☐ submarinos e naus.   ☐ naus e caravelas.

☐ aviões e caravelas.

2 Leia com atenção.

"[...] havia uma árvore de madeira cor de brasa, da qual se extraía uma tinta vermelha [...]"

a) O texto está se referindo a que árvore?
_____
_____

b) Para que ela servia?
_____
_____

c) Hoje, essa árvore ainda existe?
_____
_____

104

Dia do Trabalhador

Como você já estudou, todos os dias temos diferentes tipos de trabalho e trabalhadores.

O trabalho é muito importante na vida das pessoas. Com o salário que recebem em troca das atividades que desenvolvem, elas obtêm o sustento de suas famílias.

Além disso, toda sociedade depende do trabalho realizado pelos diferentes grupos de trabalhadores. Precisamos daqueles que plantam e colhem alimentos, dos que produzem roupas, dos que tratam de nossa saúde, dos que cuidam de nossa educação, dos que coletam os resíduos urbanos e de muitos outros trabalhadores.

Por isso, é importante lembrar que todo trabalho é útil e necessário e todos os trabalhadores merecem respeito. No dia **1º de maio**, reforçamos esse respeito homenageando todos os trabalhadores.

Agricultores cultivam vegetais em Marília (SP). Foto de 2019.

Costureira produz roupas em Carlos Barbosa (RS). Foto de 2019.

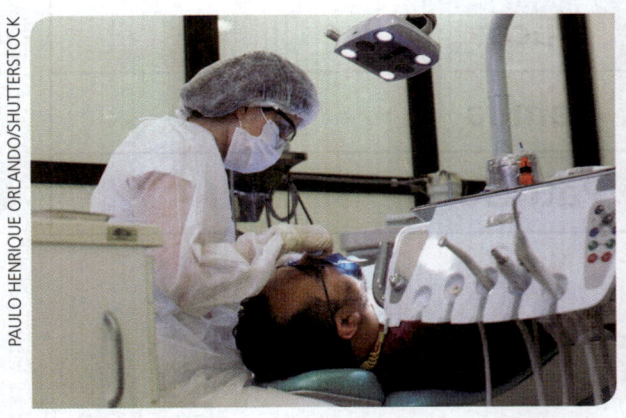

Dentista atende paciente em Bauru (SP). Foto de 2020.

Professor de Educação Física dá aula em escola de São Paulo (SP). Foto de 2020.

ATIVIDADES

Leia o poema.

O que é que eu vou ser?

Bete quer ser bailarina,
Zé quer ser aviador.
Carlos vai plantar batata,
Juca quer ser ator.
Camila gosta de música.
Patrícia quer desenhar.
Uma vai pegando o lápis,
A outra põe-se a cantar.
Mas eu não sei se vou ser
Poeta, doutora ou atriz.
Hoje eu só sei uma coisa:
Quero ser muito feliz!

Pedro Bandeira. *Por enquanto eu sou pequeno*.
São Paulo: Moderna, 2002.

ILUSTRAÇÕES: JOSÉ LUÍS JUHAS

- Complete o quadro com o que as crianças do poema querem ser quando crescer.

Bete		Juca	
Zé		Camila	
Carlos		Patrícia	

- E você, gosta de fazer o quê?

_____

_____

Dia das Mães

O Dia das Mães é comemorado sempre no **segundo domingo do mês de maio**.

Mãe é a pessoa que está sempre do nosso lado, acompanhando nosso crescimento com carinho e segurança, mesmo que não tenhamos nascido dela.

O mais importante nesse dia é mostrar a ela o quanto é amada e querida. E é fundamental expressar em todos os outros dias do ano nosso carinho e nosso respeito a essa pessoa que cuida tanto de nós.

ATIVIDADES

1) Qual é o nome de sua mãe?

Escreva no quadro a seguir.

2 Quais são as características de sua mãe de que você mais gosta? Registre.
_____
_____
_____

3 Como você gostaria de homenagear sua mãe neste Dia das Mães? Desenhe e escreva como você faria essa homenagem.

_____
_____
_____

Festas juninas

Como já diz o nome, esses eventos são realizados no mês de junho para homenagear:

- Santo Antônio (santo casamenteiro), no dia 13 de junho;

- São João (a fogueira é um símbolo de seu nascimento), no dia 24 de junho;

- São Pedro, no dia 29 de junho.

Essas festas fazem parte do folclore brasileiro, representando a nossa cultura popular. Elas acontecem em diferentes lugares do Brasil. A origem das festas juninas está nas festas em comemoração à colheita que ocorriam na Europa, que depois foram incorporadas no calendário da Igreja e chegaram ao Brasil com os portugueses em 1500.

Festa junina em Pirapora do Bom Jesus (SP).

Nas festas juninas, é costume:

- enfeitarem-se os locais das festas com bandeirinhas coloridas;

- usar trajes caipiras;

- dançar quadrilha;

- comer pipoca, milho verde assado ou cozido, pé de moleque, pamonha, bolo de fubá etc.

Em algumas festas juninas há fogueira e fogos de artifício. Eles são perigosos e podem causar queimaduras ou acidentes graves.

As crianças devem ficar longe da fogueira e dos fogos de artifício, e os adultos devem ter muito cuidado ao mexer com eles.

Apresentação de quadrilha na festa junina de Campina Grande (PB).

Apresentação de quadrilha durante a festa junina em Pirapora do Bom Jesus (SP).

ATIVIDADES

1 Você gosta de festa junina?

_____
_____

2 Você já dançou quadrilha alguma vez? Já se fantasiou de caipira?

_____
_____

3 Quais as comidas típicas das festas juninas que você mais aprecia?

_____
_____

Dia dos Pais

Comemora-se o Dia dos Pais no **segundo domingo de agosto**.

Nesse dia ocorrem homenagens aos pais e às pessoas que têm esse papel em nossa vida. Mas as atitudes de carinho e respeito com os pais e as pessoas que tomam conta de nós devem acontecer todos os dias do ano.

ATIVIDADES

1. Quais atitudes abaixo devemos adotar sempre com nosso pai ou com a pessoa que toma conta de nós? Pinte os quadrinhos.

☐ Tratar sempre com respeito.

☐ Não ajudar nas tarefas da casa.

☐ Ser sempre companheiro e atencioso.

2. Você se parece com seu pai ou com a pessoa que cuida de você? Em quê?

_____

_____

3 Escreva um texto para homenagear seu pai ou a pessoa que cuida de você nesse Dia dos Pais. Depois, enfeite seu texto e deixe-o bem bonito.

Dia da Árvore

No dia 21 de setembro comemoramos o Dia da Árvore. As árvores são importantes para todos os seres vivos porque são abrigo para muitos animais, oferecem sombra, proporcionam maior umidade ao ambiente, produzem flores, frutos e sementes. Além disso elas compõem belas paisagens.

Os seres humanos dependem das árvores também para obter madeira para fabricar móveis, portas e outros materiais, além de produzir papel. Mas, para isso, existem os reflorestamentos, que são áreas com plantio de árvores apropriadas para essas finalidades.

Aspecto da Floresta Amazônica com suas árvores exuberantes.

As árvores formam belas florestas e também podem ornamentar ruas, avenidas, praças e parques.

Nos parques, as árvores tornam esses espaços públicos lugares agradáveis para muitas atividades de lazer.

Das florestas, parques, praças e das nossas casas não se deve cortar árvores, mas sim plantá-las.

Imagine como seriam as paisagens se elas não existissem?

ATIVIDADES

1. Procure observar uma árvore plantada em sua casa, em sua rua ou mesmo próximo a sua escola e responda às perguntas a seguir.

a) Que tipo de árvore você observou? É uma árvore frutífera?

_____

b) Como você acha que ela nasceu? De uma semente ou de uma muda?

_____

c) A árvore é alta ou baixa?

_____

d) Como é o tronco? Grosso ou fino?

_____

e) Como são as folhas?

_____

f) Do que ela se alimenta?

_____

2 Faça uma lista com o nome de árvores que você conhece. Você pode perguntar para os mais velhos com quem vive quais árvores eles conhecem.

_____

_____

_____

Coleção Eu gosto m@is

GEOGRAFIA

CÉLIA PASSOS

Cursou Pedagogia na Faculdade de Ciências Humanas de Olinda – PE, com licenciaturas em Educação Especial e Orientação Educacional. Professora do Ensino Fundamental e Médio (Magistério) e coordenadora escolar de 1978 a 1990.

ZENEIDE SILVA

Cursou Pedagogia na Universidade Católica de Pernambuco, com licenciatura em Supervisão Escolar. Pós-graduada em Literatura Infantil. Mestra em Formação de Educador pela Universidade Isla, Vila de Nova Gaia, Portugal. Assessora Pedagógica, professora do Ensino Fundamental e supervisora escolar desde 1986.

5ª edição
São Paulo
2022

2º ANO
ENSINO FUNDAMENTAL

IBEP

SUMÁRIO

LIÇÃO		PÁGINA

1 **Minha moradia** **118**
- As moradias não são iguais 121
- A construção da moradia 123
- Os cômodos de uma moradia 124
- Meu endereço é.. 127
- A vizinhança 129
- Os números pares e ímpares em uma rua ... 130

2 **A escola** **141**
- Representações da sala de aula 144
- A planta 147

3 **Diferentes tipos de escola** **152**
- Escola na cidade e no campo 153
- Escolas indígenas e quilombolas 154

4 **Formas de orientação espacial** **162**
- Formas de se orientar pelo Sol 164
- Rosa dos ventos, bússola e GPS 165

LIÇÃO		PÁGINA
5	**As ruas**	**172**
	• As ruas têm nome	172
	• As ruas têm função	173
	• Organização do trânsito	177
	• Cinto de segurança	178
	• Cuidados no trânsito	179
	• Acessibilidade nas ruas	182
6	**O bairro**	**190**
	• As transformações dos bairros	198
	• Os serviços públicos no lugar onde moro ...	202
	• Os trabalhadores no bairro	204
	• A rotina dos bairros	206
	• O lazer	207
	• As associações de moradores	210
7	**As pessoas se locomovem e se comunicam** .	**218**
	• Meios de transporte	218
	• As pessoas se comunicam	222
	• Tipos de meios de comunicação	223
8	**O meio ambiente**	**230**
	• A água	231
	• O solo	235
	• A preservação dos ambientes	240

ADESIVOS **256**

LIÇÃO 1 — MINHA MORADIA

Observe a imagem a seguir.

Vista de Olinda para Recife (PE), 2018.

A imagem que você acabou de ver mostra várias casas e edifícios. Esses lugares servem para as pessoas viverem. Neles as pessoas têm abrigo, podem dormir, cozinhar, comer, tomar banho e ter lazer. Eles são a **moradia**, também chamada de **residência** ou **lar**.

Todas as pessoas precisam de uma moradia que atenda às suas necessidades.

As moradias podem ser muito diferentes, mas todas devem garantir abrigo e proteção às pessoas.

Leia, a seguir, o texto que duas crianças escreveram sobre a moradia em que vivem.

Eu moro em um apartamento. Ele é grande. Tenho um quarto só para mim.

Eu gosto de lá, mas queria ter uma árvore para pendurar minha balança.

Lá no prédio onde eu moro existe uma árvore, mas ninguém pode balançar nela. Aliás, ninguém pode fazer nada lá. Tudo é proibido!

Mariana

Minha casa é pequena. Minha família quase não cabe nela. Mas o Pirata, meu cachorro, vive bem. A casinha que meu pai fez para ele no quintal é melhor do que a minha. Ainda bem!

João Pedro

No depoimento de Mariana e João Pedro para este livro, eles contam algumas diferenças sobre o tamanho de suas moradias e falam também de outras coisas relacionadas ao modo como convivem nelas.

ATIVIDADES

1 Como é sua moradia?

_____

_____

_____

2 Com quem você convive em sua moradia?

_____

_____

3 Faça um desenho de sua moradia.

```
┌─────────────────────────────────────────┐
│                                         │
│                                         │
│                                         │
│                                         │
│                                         │
│                                         │
└─────────────────────────────────────────┘
```

Troque os desenhos com os colegas e respondam:

a) O que há em comum entre os desenhos?

_____

_____

b) E o que há de diferente?

_____

_____

As moradias não são iguais

Existem vários tipos de moradia. Algumas são grandes e outras são pequenas. Há moradias luxuosas e outras simples. Há aquelas feitas de cimento, madeira, ferro ou pedras. Muitas pessoas vivem em edifícios altos. Outras vivem em casas térreas ou sobrados.

Há pessoas que não têm moradia própria nem condições de alugar uma. Muitas vivem em abrigos, instituições ou mesmo na rua.

Observe alguns tipos de moradia.

Oca: moradia de alguns grupos indígenas brasileiros, feita de palha, taquara, folhas e barro.

Casa de taipa ou pau a pique: feita de ripas ou de varas cruzadas e barro.

Casa de alvenaria: feita de tijolos ou blocos de concreto, areia, cimento e outros materiais. Pode ser térrea, com um só andar, ou sobrado com mais de um andar.

Prédios de apartamentos: feitos de blocos de concreto ou tijolos, areia, cimento, ferro e outros materiais. Abrigam muitas residências.

Palafita: moradia feita de madeira, erguida por estacas fincadas nas beiras dos rios ou em lugares alagados.

ATIVIDADES

1 Leia.

Se eu fosse o dono da cidade

Ana mora num apartamento. Charleston mora numa casa pequena.

E Maria? Maria mora em um sobrado.

Anita, em uma palafita.

João, em um barraco no Morro do Bem-Te-Vi. Iara mora em uma oca lá na Amazônia e Wilson mora em uma casa de pau a pique.

Vida de brasileiro é assim mesmo. Uns têm casas feitas com tijolos, outros têm casas feitas com madeira, barro amassado, palhas, galhos e troncos.

O amigo de Charleston tem um endereço diferente, um que fica embaixo do viaduto, que mais se parece com uma toca de tatu [...].

É assim que podemos contar a vida de muitos brasileiros. Se eu fosse o dono da cidade, tudo seria diferente.

Todos teriam uma casa para morar, com direito a um quintal, passarinhos e até casinha de bonecas.

Maria Radespiel. *Jeitos de ensinar e aprender*. Contagem: Iemar, 2010.

2 Desenhe em uma folha avulsa todos os tipos de moradias citados no texto acima.

A construção da moradia

Assim como existem diversos tipos de materiais para construir uma casa, também existem várias maneiras de construí-la.

Muitas pessoas compram um imóvel pronto, outras o alugam. Também há pessoas que constroem a própria moradia. Fazem aos poucos, uma parte de cada vez, até que ela fique pronta.

Às vezes, as pessoas se reúnem e constroem uma moradia para cada pessoa da rua ou da comunidade. Cada um faz uma parte e o trabalho só termina quando todos recebem a moradia. Isso se chama **mutirão**.

Vários profissionais participam da construção de uma moradia:

O arquiteto desenha a planta e o engenheiro calcula como será feita a moradia a partir da planta e fiscaliza a obra.

O mestre de obras orienta e acompanha os trabalhos.

Os pedreiros fazem a massa, levantam as colunas e as paredes e, depois, rebocam para finalizar.

O encanador coloca canos e torneiras.

O pintor pinta as paredes, o teto, as janelas e as portas.

O eletricista coloca os fios elétricos e as tomadas.

Há ainda o serralheiro, que se ocupa das partes de ferro (grades, portões etc.), e o carpinteiro trabalha com madeira na confecção de portas, janelas e telhado.

ATIVIDADES

1 Escolha três profissionais que participam da construção de uma moradia e descreva algumas das suas tarefas.

a) _____

_____

b) _____

_____

c) _____

_____

Os cômodos de uma moradia

Observe as divisões em **cômodos** que pode haver nas moradias.

> **VOCABULÁRIO**
>
> **cômodos:** divisões ou compartimentos de uma moradia.

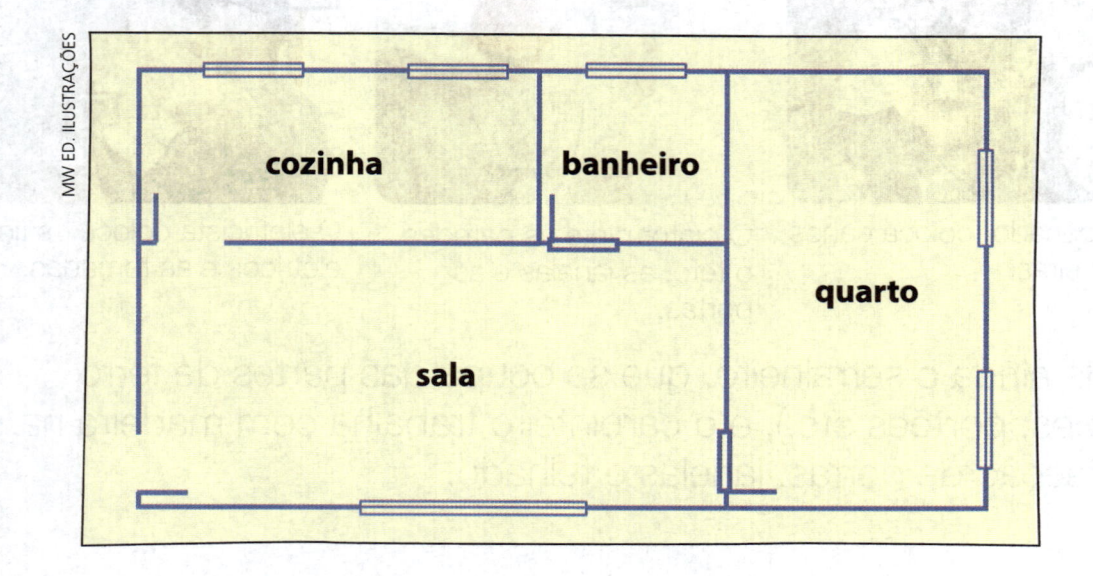

cozinha | banheiro

quarto

sala

Em geral, as pessoas utilizam cada cômodo de uma moradia para uma ou mais atividades diferentes.

Por exemplo, é na cozinha que armazenamos e preparamos os alimentos. Assim, é importante que nesse espaço haja os equipamentos necessários para isso, como a geladeira, o armário e o fogão.

A sala é o cômodo no qual as pessoas costumam se reunir para conversar, assistir à televisão ou fazer as refeições.

Cozinha.

Sala.

Os quartos são, geralmente, os cômodos em que as pessoas dormem. Por isso, nesse espaço ficam a cama, o guarda-roupa e os objetos pessoais.

No banheiro, as pessoas cuidam da higiene pessoal. Nesse cômodo, encontramos o vaso sanitário, a pia, o chuveiro etc.

Quarto.

Banheiro.

ATIVIDADES

1 Responda:

a) Quantos e quais são os cômodos de sua casa?

_____

b) Em qual cômodo de sua casa você gosta de ficar mais tempo? Justifique.

_____

2 Agora veja a representação do desenho de uma casa vista de cima. Identifique numerando os locais onde:

(1) Preparamos a comida.

(2) Tomamos banho.

(3) Dormimos.

(4) Nos reunimos com nossos familiares

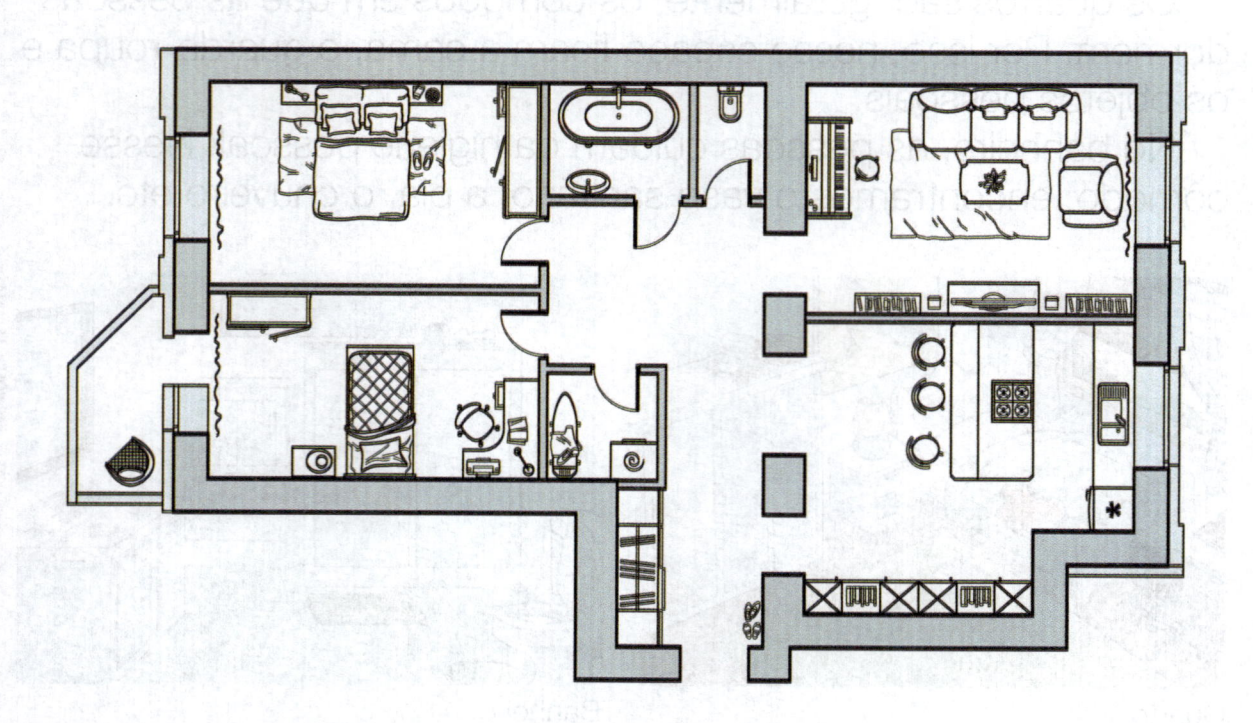

Meu endereço é...

Seja como for a sua casa, ela fica em um lugar. Esse lugar é chamado de endereço, que é a referência de localização da moradia.

Observe as informações que constam em um endereço:
- o nome da rua, avenida ou praça na qual está localizada a moradia;
- o número da moradia;
- se for apartamento, o número e o bloco;
- o CEP (Código de Endereçamento Postal);
- o bairro;
- a cidade;
- o estado;
- o país.

Foto de moradia em Carnaubeiras, no Maranhão.

Além do endereço da moradia, também é importante saber o nome de uma rua próxima ou algum local de referência conhecido, como um supermercado, um ponto de ônibus.

Cada um deve saber o endereço de sua moradia.

ATIVIDADES

1 Faça um desenho da rua em que você mora, representando sua casa e o que há por perto.

2 As pessoas precisam ter um endereço como referência. Escreva seu endereço.

Nome da rua: _____

Número: _____ Complemento: _____

Bairro: _____ Cidade: _____ Estado: _____

País: _____ CEP: _____

3 Você já mudou de endereço alguma vez? Se já mudou, como foi essa experiência?

_____

_____

_____

A vizinhança

Geralmente, as moradias são construídas próximas umas das outras. Quando isso acontece, dizemos que elas são **vizinhas**.

Há pessoas que moram em edifícios com vários andares. Em cada andar, costuma haver mais de um apartamento. Nesse caso, as pessoas desses andares são vizinhas.

Nas ruas, também existem outras construções, além de casas. A **vizinhança** pode ser formada por casas comerciais, escolas, instituições, hospitais etc.

Esses pontos comerciais e outros estabelecimentos também são importantes em uma rua. Eles facilitam a vida dos moradores que habitam as proximidades.

Os números pares e ímpares em uma rua

João Víctor mora nesta rua.

Seu Mariano mora ao lado da casa de João Víctor.

Martinha mora no sobrado.

João Víctor está parado em frente à casa onde mora, olhando de frente para ela.

Nessa posição, a casa de Seu Mariano está à direita da casa de João Víctor. E a casa de Martinha está à esquerda da casa de João Víctor.

Os números que identificam as construções nesse lado da rua são todos ímpares.

Do outro lado da rua também existem outros tipos de construção.

Em frente à casa de João Víctor há uma padaria. Se João Víctor estiver parado em frente à padaria, olhando de frente para ela, a escola em que estuda estará à sua direita e o prédio estará à sua esquerda.

Os números que identificam as construções nesse lado da rua são todos pares.

Nas ruas, os números geralmente são determinados da seguinte forma: de um lado ficam os pares e, do outro, os ímpares.

ATIVIDADES

1 As moradias geralmente são construídas uma ao lado da outra, ou seja, vizinhas umas das outras. Represente sua moradia e a dos seus vizinhos mais próximos.

Agora responda.

a) Você mora em uma casa, apartamento ou sobrado?

_____

b) Qual é o nome do vizinho que mora mais próximo da sua moradia?

_____

2 Marque **V** para as frases verdadeiras e **F** para as falsas.

☐ Em uma rua, geralmente, há construções dos dois lados.

☐ Cada lado da rua tem um nome diferente.

☐ Para ir ao outro lado de uma rua, é preciso atravessá-la.

☐ Uma moradia só pode ter vizinhos à direita.

☐ Em frente a uma moradia podem existir diferentes tipos de construção.

3 Quais estabelecimentos comerciais existem em sua rua? Escreva o nome de alguns deles e destaque o mais próximo da sua moradia.

_____

_____

_____

_____

4 Observe as cenas da página 18 e complete.

a) João Víctor mora na Rua _____,

número _____.

b) O vizinho da direita é _____. Ele mora

no número _____ da rua.

Leia este poema que fala de vizinhos.

Os vizinhos

Lá na minha vizinhança
Vive toda essa gente:
Gente bem parecida, gente bem diferente.

Seu Almir de cara fechada e a Nair dando risada,
Seu Agenor sempre queixando:
– Ai que dor, ai que dor!
Enquanto sua mulher reclama de tanto calor.

E lá na padaria, o português Manuel
Vende todo santo dia o gostoso pão de mel.

Mas não posso deixar de falar do meu vizinho,
Seu Dante,
Pois todos o admiram por ser tão elegante.

Lá na minha vizinhança
Quem faz a maior festança
É mesmo a criançada
Que topa qualquer parada.

É sempre a mesma história:
De manhã, que calmaria!
Criançada na escola.
À tarde, que gritaria,
E hora de jogar bola.

A hora que o dia termina
A lua o céu ilumina
E dentro de cada lar
E só dormir e sonhar.

Maria Luiza Campos Aroeira e Maria Inês Bizzotto Soares. *Abracadabra*: sociedade e natureza. Belo Horizonte: Dimensão, 2003. p. 70, v. 3.

ATIVIDADES

1 De acordo com o poema, cada vizinho tem seu jeito de ser, mas todos são amigos e se divertem.

a) Quem faz a maior festança?

☐ As crianças.   ☐ Os adultos.

b) Por que, de manhã, é a maior calmaria?

_____

_____

2 Qual é a característica de cada vizinho, segundo a descrição do poema "Os vizinhos"?

a) Seu Almir:

_____

b) Nair:

_____

c) Seu Agenor:

_____

d) Mulher de Seu Agenor:

_____

_____

e) Seu Dante:

_____

_____

3 Escreva o nome de algum vizinho a quem você sempre cumprimenta.

_____

_____

4 Pinte os balões com frases que você e sua família costumam dizer aos vizinhos.

Bom-dia!

Boa-tarde!

Boa-noite!

Está precisando de ajuda?

Posso ajudar a carregar os pacotes?

Vou levar meu filho à escola. Quer que eu leve o seu também?

5 Quais atitudes são comuns entre sua família e os vizinhos? Marque com um **X**.

☐ Cumprimentar.

☐ Trocar informações.

☐ Não conversar.

☐ Discutir.

☐ Visitar.

☐ Oferecer ajuda se houver necessidade.

6 Você conhece os seus vizinhos?

Faça uma entrevista com um deles para conhecê-lo melhor. Siga o roteiro.

a) Qual o nome de seu vizinho?

_____

b) Qual a idade dele?

_____

c) Quantas pessoas moram na casa dele e quem são elas?

_____

_____

_____

d) Há quanto tempo seu vizinho mora ali?

_____

_____

d) Qual a origem dele?

_____

_____

e) Ele gosta de onde mora?

_____

_____

_____

Apresente os resultados de sua entrevista para a classe e troque ideias com os colegas sobre os vizinhos.

EU GOSTO DE APRENDER

Leia o que você estudou nesta lição.

- As moradias podem ser de vários jeitos e construídas com materiais variados.
- Muitos profissionais trabalham na construção das moradias.
- As moradias são um lugar de convivência das pessoas que moram nela.
- Toda moradia tem um endereço, isto é, uma informação da localização dela na cidade.
- Fazem parte do endereço o nome da rua, avenida ou praça, o número, o CEP, o bairro, a cidade, o estado e o país.
- As moradias geralmente são construídas uma ao lado da outra: são vizinhas.
- Em prédios, a vizinhança está em todos os andares.

ATIVIDADES

1 Indique no espaço a seguir, em forma de desenho, as moradias de quem vive ou os estabelecimentos comerciais localizados do lado direito e do lado esquerdo da sua escola.

2 Marque com um **X** as frases corretas sobre como devemos agir com nossos vizinhos.

☐ Não devemos cumprimentá-los.

☐ Devemos ser educados e respeitá-los.

☐ Podemos tocar música bem alto, sem nos preocupar se vamos incomodá-los.

☐ Devemos ajudá-los caso necessitem de algo que possamos fazer.

3 Quantos vizinhos você conhece no lugar onde mora? Você tem algum amigo que é seu vizinho?

_____

4 Você percebeu que a palavra "vizinhança" vem de "vizinho", isto é, aquele que mora ao lado de nossa casa. Mas podemos utilizar essas palavras em muitas outras situações. Tudo aquilo que está próximo de alguma coisa está "na vizinhança", é "vizinho" desse objeto, lugar ou pessoa. Por exemplo: minha vizinha de carteira na sala de aula é a Luísa. Minha escola fica na vizinhança do museu. O Brasil é vizinho do Paraguai.

Escreva no caderno duas frases, uma com a palavra "vizinho" e outra com a palavra "vizinhança".

EU GOSTO DE APRENDER MAIS

Todas as pessoas vivem em uma moradia?
Você sabe responder a essa pergunta?
Se disse "não", acertou. Muitas pessoas não têm onde morar e permanecem nas ruas das cidades, abrigando-se como podem debaixo de viadutos, em calçadas e em outros lugares sem conforto.

As crianças em situação de rua também vivem em situações de risco e estão sujeitas a doenças.

As autoridades, os governos das cidades, dos estados e do país precisam cuidar dessas pessoas, oferecer abrigo e alimentação e atendê-las em casos de doença.

Muitos cidadãos costumam ajudar por intermédio de Organizações Não Governamentais (ONGs).

Mas, para que o problema seja resolvido definitivamente, precisamos de mais atenção, empregos e assistência.

ATIVIDADES COMPLEMENTARES

1 Assinale com um **X** o assunto do texto.

☐ Crianças abandonadas em orfanatos.

☐ Pessoas sem moradia.

☐ Pessoas que não querem trabalhar.

☐ Crianças que não querem estudar.

2 Pinte os ☐ que indicam os problemas que as pessoas sem moradia enfrentam.

☐ Precisam se mudar da cidade.

☐ Moram em ruas e sob viadutos.

☐ Alimentam-se mal.

☐ As crianças não vão à escola.

☐ São mais saudáveis porque não ficam doentes.

3 Será que você e seus colegas poderiam fazer algo para ajudar as pessoas sem moradia? Conversem com o professor sobre o assunto e apresentem sugestões.

4 Em sua cidade, existem pessoas que não têm lugar para morar? Onde elas vivem? O que fazem?

_____

_____

LEIA MAIS

Os vizinhos piratas

Jonny Duddle. São Paulo: Brinque-Book, 2012.

Um belo dia, Matilda descobre que uma família de piratas se mudou para a vizinhança! E agora?

LIÇÃO 2

A ESCOLA

A escola é um dos lugares que você vai quase todos os dias. Nela aprendemos a ler e a escrever, praticamos esportes, brincamos e convivemos com os colegas, com os professores e com outros funcionários.

Toda escola recebe um nome. Esse nome tem uma história. Quase sempre é o nome de uma pessoa que realizou um trabalho importante para o bairro, para a cidade, para o município, para o estado, para o país ou para a própria escola.

As divisões de uma escola chamam-se **dependências**. Nas escolas grandes, há muitos alunos e várias dependências. Já nas escolas pequenas, há poucos alunos e somente algumas dependências. As principais dependências da escola são as salas de aula, a diretoria, a secretaria, a cozinha, os banheiros etc.

Muitas escolas possuem outras dependências, como:

Biblioteca.

Parque.

Quadra de esportes.

141

ATIVIDADES

1 Escreva o nome das pessoas que você encontra em sua escola.

Um colega: _____

O diretor: _____

O bibliotecário: _____

Os professores: _____

2 Em qual lugar de sua escola você mais gosta de ficar? Por quê?

_____

_____

3 Relacione as dependências da escola às atividades nelas realizadas.

1	Brincamos.	☐ Na biblioteca.
2	Estudamos.	☐ Na quadra de esportes.
3	Lanchamos.	☐ No pátio.
4	Pesquisamos.	☐ Na cantina.
5	Jogamos bola.	☐ Na sala de aula.

4 Marque nos relógios o horário em que você entra e sai da escola.

Entrada.   Saída.

5 Quais atividades você costuma realizar na escola, conforme os dias da semana? Use os adesivos do final do livro para indicar.

Segunda-feira	
Terça-feira	
Quarta-feira	
Quinta-feira	
Sexta-feira	

Em qual dia da semana você mais gosta de ir à escola? Por quê?

_____

Representações da sala de aula

Podemos representar a sala de aula de diferentes modos. Um deles é a maquete.

A maquete permite representar um ambiente ou um objeto.

Na maquete de um local, por exemplo, todos os objetos que compõem o ambiente são representados de maneira reduzida.

Ao observar a maquete pronta, podemos ter uma visão dos objetos sob vistas diversas. Nas imagens temos as vistas oblíqua e vertical. A vista frontal, é aquela que observamos quando estamos bem de frente a um objeto.

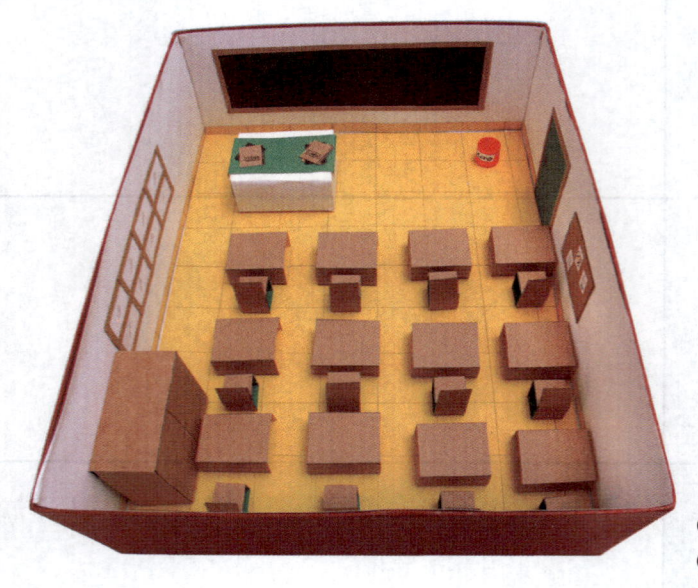

1. Maquete de sala de aula em visão oblíqua.

2. Maquete de sala de aula em visão vertical.

ILUSTRAÇÕES: LAURENI FOCHETTO

ATIVIDADES

1 Você percebeu diferenças entre as duas maquetes? Complete as frases.

a) A primeira maquete foi fotografada na visão oblíqua, isto é, _____.

b) A segunda maquete foi fotografada na visão vertical, isto é, _____.

2 Qual objeto esses elementos da maquete representam? Faça a correspondência.

ILUSTRAÇÕES: LAURENI FOCHETTO

1 — ( ) Mesa do professor.

2 — ( ) Carteira.

3 — ( ) Cesto de lixo.

4 — ( ) Armário.

3 Explique o que é uma maquete.

_____
_____

Montando a maquete

Material

- 1 caixa de papelão;
- caixinhas de fósforos vazias;
- 1 tampinha de garrafa PET ou de amaciante de roupas;
- papéis coloridos;
- tesoura com pontas arredondadas;
- canetas coloridas;
- 4 palitos de picolé limpos;
- sucatas diversas.

Como fazer

a) Observem atentamente a sala de aula e anotem tudo o que precisam representar.

b) Tirem a parte de cima da caixa de papelão e recortem o local das janelas. Depois, forrem a caixa por dentro.

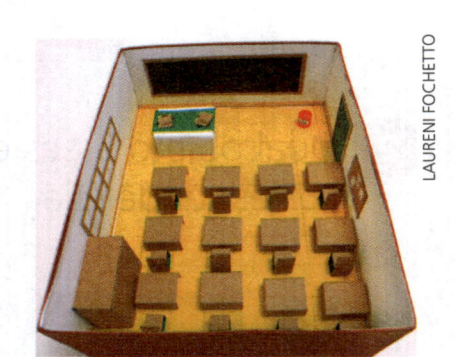

Maquete de sala de aula feita por alunos.

c) Encapem as caixas de fósforos com papel colorido. Elas serão utilizadas para representar as carteiras de sua sala de aula.

d) Juntem duas caixas de fósforos vazias, lado a lado, e encapem-nas para representar a mesa do professor.

e) Para compor o armário, colem caixas de fósforos umas sobre as outras. Depois, encapem-nas.

f) Utilizem a tampinha da garrafa PET como cesto de lixo e, com os palitos de picolé, construam o quadro de giz.

g) Organizem e colem as peças na caixa de papelão, formando a sala de aula.

h) A maquete está pronta!

A planta

Também podemos representar espaços e locais, como a sala de aula, por meio de uma planta.

Na planta, os objetos são indicados por símbolos que se aproximam da forma real. Nela, os objetos e os lugares são sempre mostrados na visão vertical.

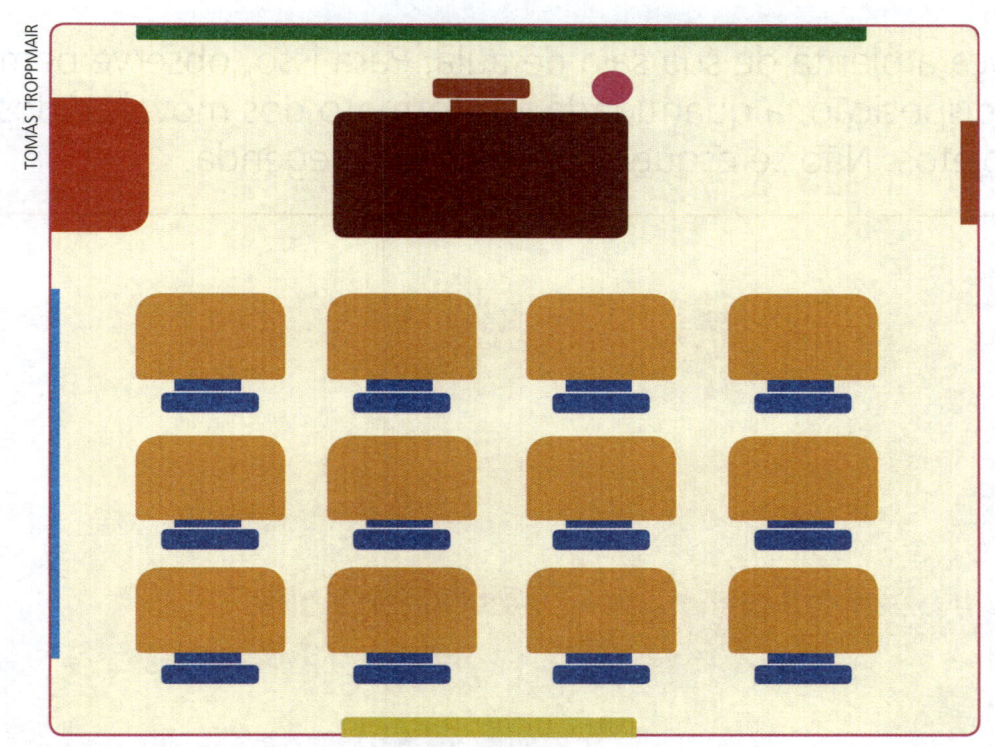

Planta da sala de aula.

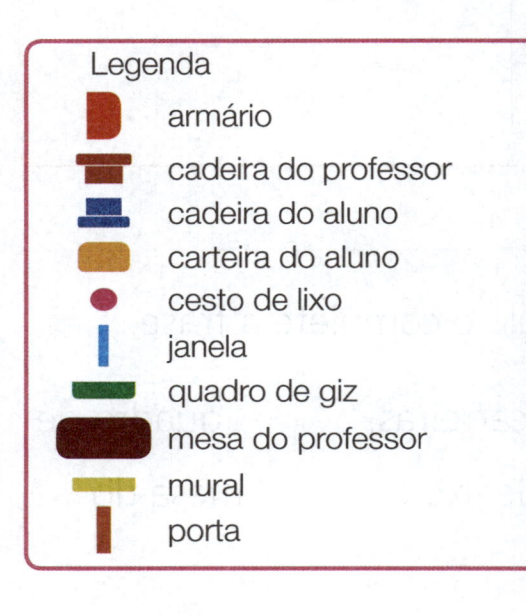

Legenda
- armário
- cadeira do professor
- cadeira do aluno
- carteira do aluno
- cesto de lixo
- janela
- quadro de giz
- mesa do professor
- mural
- porta

A legenda indica o significado de cada símbolo utilizado na planta. As cores na planta e na legenda devem ser as mesmas.

ATIVIDADES

1 Observe a planta da página anterior e complete a frase:

Nessa sala de aula, há _____, _____, _____, _____ e _____.

2 Faça a planta de sua sala de aula. Para isso, observe bem a disposição, a quantidade e o formato dos móveis e dos objetos. Não se esqueça de criar uma legenda.

Conte os objetos de sua sala de aula e complete a frase.

Em minha sala de aula, há _____ carteiras, _____ quadro de giz, _____ armário, _____ cesto de lixo e _____ mesa do professor.

3 Esta é a planta da escola na qual Lucas estuda. Na escola, há diversas dependências. Observe a planta e faça o que se pede.

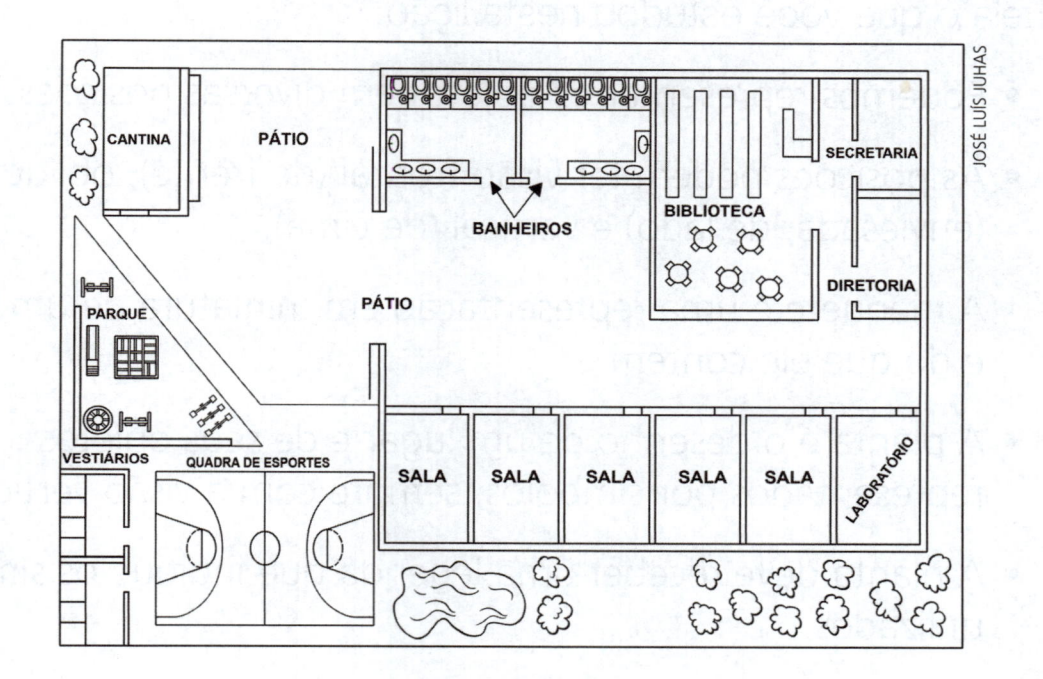

Pinte cada tipo de dependência da escola de Lucas utilizando uma cor. Em seguida, preencha os quadrinhos a seguir com a mesma cor para fazer a legenda.

- ☐ Vestiários.
- ☐ Laboratório.
- ☐ Secretaria.
- ☐ Salas de aula.
- ☐ Banheiros.
- ☐ Quadra de esportes.

- ☐ Biblioteca.
- ☐ Diretoria.
- ☐ Pátio.
- ☐ Cantina.
- ☐ Parque.

EU GOSTO DE APRENDER

Leia o que você estudou nesta lição.

- Podemos representar os objetos em diversas posições.

- As posições podem ter visão frontal (de frente), oblíqua (enviesada, de lado) e vertical (de cima).

- A maquete é uma representação em miniatura de um lugar e do que ele contém.

- A planta é o desenho de um lugar e de seus objetos representados por símbolos, sempre com a visão vertical.

- A planta deve receber uma legenda que indique os símbolos utilizados.

ATIVIDADES

1. Observe as representações de uma sala de aula e identifique o tipo de vista de cada uma delas.

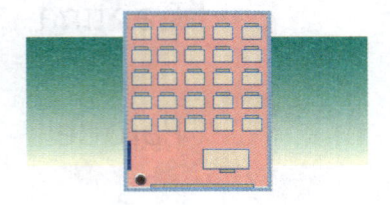

2 Observe estas imagens e escreva que tipo de representação do espaço elas são.

_____ _____

3 Nas imagens da atividade anterior, a visão mostrada é frontal, oblíqua ou vertical?

a) Na foto da maquete, a visão é _____.

b) Na foto da planta, a visão é _____.

LEIA MAIS

Imitabichos

Serguéi Tretiakóv. Ilustrações de Aleksandr Ródtchenko. São Paulo: Cosac Naify, 2011.

No livro, você encontra poesias sobre bichos e divertidos modos de representá-los por meio de maquetes ou imitações.

LIÇÃO 3 — DIFERENTES TIPOS DE ESCOLA

Você já deve ter observado que há muitos tipos de escola, não é?

As escolas variam em diversos aspectos. Elas podem ser voltadas para o Ensino Fundamental, como a escola em que você está, ou ser escolas de língua estrangeira, capoeira, natação etc.

As escolas são diferentes de acordo com o lugar onde se encontram e podem estar no campo ou na cidade.

Observe as fotos e veja quais são as semelhanças e diferenças entre essas escolas.

Foto de escola na região da Chapada Diamantina, Mucugê (BA), 2021.

Foto de Escola Estadual em Itu (SP), 2022.

Foto da Escola Municipal Indígena Dom Bosco da etnia Xavante, Aldeia do Baixão, terra indígena Parabubure, Campinápolis (MT), 2022.

Foto de escola do Quilombo Torrão do Matupi, Macapá (AP), 2022.

Escola na cidade e no campo

Grande parte das escolas brasileiras atende à população que mora nas cidades.

Existem escolas **públicas**, que são implantadas pelos governos municipal, estadual ou federal, e escolas **particulares**, fundadas por pessoas que trabalham com educação.

Nas escolas públicas, as crianças e os jovens estudam gratuitamente. Nas escolas particulares, os alunos precisam pagar uma mensalidade.

No campo, existem muitas escolas, chamadas de escolas **rurais**, para atender crianças e jovens que vivem em sítios, fazendas e bairros rurais. Nas escolas do campo, os alunos aprendem as mesmas disciplinas que os alunos de escolas da cidade e, em algumas delas, estudam assuntos mais ligados à vida rural.

Escola Estadual em Boa Vista (RO), 2022.

Escola Estadual em Manoel Viana (RS), 2021.

Escola Municipal, Povoado de Pacas, Morros (MA), 2019.

Instituto de Educação para crianças surdas, São Paulo (SP), 2021.

Para chegar à escola, os alunos do campo podem utilizar meios de transporte que não são comuns nas cidades, como cavalos, charretes e carros de boi. Contudo, muitos alunos vão a pé ou de ônibus.

Escolas indígenas e quilombolas

No Brasil, há muitos povos indígenas vivendo em aldeias, comunidades nas quais eles tentam conservar suas tradições, crenças e língua.

Nessas aldeias, é obrigatório, pela lei brasileira, existir escola para as crianças. Os professores são indígenas. As crianças aprendem as disciplinas comuns do Ensino Fundamental, como Língua Portuguesa, Matemática, História e Geografia, e a língua do seu povo, seus hábitos e tradições.

Além de estudar na escola, as crianças indígenas aprendem com os mais velhos, que lhes ensinam a história do povo, as técnicas de artesanato, os modos de caçar, pescar, plantar e fabricar alimentos, como farinha de mandioca. Elas aprendem até a confeccionar os próprios brinquedos.

Alunos e professor indígenas da etnia Xerente em aula na Escola Indígena Sakruiwê, Aldeina Funil, Tocantina (TO), 2022.

Crianças da etnia Tupiniquim na biblioteca da Escola Municipal Pluridocente Indígena Pau-Brasil, Aracruz (ES), 2019.

Você sabe o que foram os **quilombos** na história de nosso país? Eram locais em que os africanos e seus descendentes iam morar quando fugiam das fazendas ou das cidades nas quais eram escravizados.

Esses locais ficavam escondidos no meio do mato ou em áreas de difícil acesso. Ali, os quilombolas, ou seja, os habitantes do local, plantavam, colhiam, caçavam, pescavam e fabricavam produtos artesanais para vender em feiras próximas.

Não apenas africanos e afrodescendentes moravam no local. Também havia brancos pobres e indígenas.

Muitos desses quilombos duraram por centenas de anos e existem até hoje. A população atual dessas comunidades luta muito pelo direito de se tornar oficialmente dona da terra. Vários quilombos já foram reconhecidos pelo governo brasileiro e, desse modo, os quilombolas têm o direito de ocupar o território em que vivem.

De acordo com a lei, nos quilombos deve haver escolas para as crianças aprenderem tanto as disciplinas do Ensino Fundamental como a história dos antepassados africanos. Em geral, os professores são da própria comunidade e pesquisam como o grupo surgiu, como o quilombo foi fundado etc. As crianças aprendem as tradições e os costumes dos antepassados.

Estudantes em horta durante aula de práticas agrícolas na Escola Estadual Quilombola Professora Tereza Conceição de Arruda, Quilombo Mata Cavalo, Nossa Senhora do Livramento (MT), 2020.

ATIVIDADES

1 Marque as frases corretas com **C** e as frases erradas com **E**.

☐ Todas as escolas são iguais.

☐ Há vários tipos de escola.

☐ As crianças só podem frequentar um tipo de escola de cada vez.

☐ É possível uma criança frequentar vários tipos de escola.

2 Quantas escolas você frequenta? O que estuda em cada uma delas?

_____
_____
_____
_____

3 Marque com um **X** as características de sua escola.

☐ É uma escola pública. ☐ É uma escola rural.

☐ É uma escola particular. ☐ É uma escola indígena.

☐ É uma escola urbana. ☐ É uma escola quilombola.

4 Complete as frases corretamente.

a) A escola administrada pelo governo é _____.

b) A escola que pertence a alguma pessoa ou grupo é _____.

c) A escola que se localiza na cidade é _____.

d) A escola que se localiza no campo é _____.

5 Antônio mora em uma cidade grande. Circule os meios de transporte que ele pode utilizar para ir à escola.

| carro de boi | ônibus | metrô | trem |
| automóvel | bicicleta | charrete | cavalo |

6 Turimã mora em uma aldeia indígena. Marque com um **X** a frase correta sobre essa pequena indígena.

☐ Ela precisa viajar até uma cidade para estudar.

☐ Ela frequenta uma escola quilombola.

☐ Ela frequenta uma escola indígena em sua aldeia.

☐ Ela não é obrigada a frequentar uma escola.

7 As crianças indígenas aprendem a fazer os próprios brinquedos. E você? Há algum brinquedo que você mesmo fez? Conte para os colegas e para o professor.

EU GOSTO DE APRENDER

Leia o que você estudou nesta lição.

- Há vários tipos de escola.
- Escolas urbanas são as que se localizam nas cidades.
- As escolas rurais estão no campo.
- Escolas indígenas são aquelas em que as crianças aprendem tanto as disciplinas do Ensino Fundamental como assuntos ligados ao seu povo.
- Escolas quilombolas são aquelas nas quais estudam as crianças descendentes de africanos que fugiram da escravidão e foram viver em quilombos.

ATIVIDADES

1. Que escola é? Adivinhe!

   a) João vai de charrete ou a pé, no caminho ele atravessa um pasto.

   _____

   b) Cíntia vai de metrô, mas a mãe a acompanha.

   _____

   c) Terumim aprendeu a escrever "criança" em tupi: é "curumim".

   _____

   _____

d) Maria Inês aprendeu a fazer uma boneca de pano do mesmo jeito que a tataravó fazia na África.

_____

2 Explique o que eram quilombos.

_____
_____
_____

3 Como você aprendeu, uma criança pode frequentar várias escolas. Faça uma lista dos tipos de escola que você conhece ou de que já ouviu falar.

_____
_____
_____
_____

4 Das escolas que você listou na atividade 3, existe alguma que você gostaria de frequentar? Qual? Por quê?

_____
_____
_____
_____

5 Agora, no caderno, faça um desenho de sua escola e escreva uma legenda explicando de que tipo ela é.

EU GOSTO DE APRENDER MAIS

Um anúncio interessante

Este anúncio foi publicado na internet, em julho de 2019. Leia-o com atenção.

17/07/2019

Respeitável público!

No mês de agosto o Galpão do Circo oferece um super curso de palhaço com Val de Carvalho, super atriz, diretora artística e uma das pioneiras sobre palhaçaria no Brasil.

O Curso tem por objetivo reunir pessoas que tenham o interesse em pesquisa da linguagem da palhaçaria, abordando principalmente o palhaço circense, com práticas de claques e cascatas, improviso, além de exercitar gagues e esquetes [...]. Podendo reunir pessoas de qualquer idade, visto que se trata de linguagens de circo, que na maioria das vezes é indicada para todas as idades, tornando essa vivência bastante prazerosa. [...].

Fonte: Galpão do Circo. Curso de Palhaço com Val de Carvalho. Disponível em: http://galpaodocirco.com.br/noticias/curso-de-palhaco-com-val-de-carvalho/. Acesso em: 28 jul. 2022.

ATIVIDADES COMPLEMENTARES

1 Marque com um **X** qual é o assunto do anúncio.

☐ Uma escola de inglês.

☐ Um curso de capoeira.

☐ Uma escola de natação.

☐ Um curso de palhaço.

2 Sublinhe o que a pessoa pode aprender no curso.

a) Técnica de dar tapas falsos.

b) Técnica de cair sem se machucar.

c) Uso de trapézio e corda bamba.

d) Técnica de improviso.

e) Técnica de desenho e pintura.

3 Crianças podem frequentar esse curso?

LEIA MAIS

Tornando a escola legal: um guia infantil para superar conflitos escolares

Michaelene Mundy. Ilustrações de R. W. Alley. São Paulo: Paulus, 2004.

Você conhecerá, no livro, muitos jeitos de resolver problemas e fazer da escola um lugar muito bom para estar!

LIÇÃO 4

FORMAS DE ORIENTAÇÃO ESPACIAL

Observe a ilustração e leia o que os meninos falam.

Eu moro perto do museu. Onde fica sua casa, João?

Minha casa é a primeira à direita da padaria, Diego.

JOSÉ LUIS JUHAS

Quando queremos chegar a algum lugar, precisamos conhecer o caminho até lá. Normalmente, procuramos saber:
- o nome das ruas, das avenidas ou das praças por onde deveremos passar;
- a localização de um edifício, de uma casa comercial ou de um monumento bem conhecido próximos ao lugar desejado;
- os pontos de ônibus, as estações de metrô ou de trem;
- se passamos por túneis, viadutos, rios, bosques etc.

"Orientar-se" quer dizer "ir à procura do oriente", que é o lugar em que o Sol "nasce". Ou seja, orientar-se é localizar-se ou achar a direção certa pela qual seguir. Para nos orientarmos, é preciso identificar o que fica à direita, à esquerda, em frente e atrás dos pontos de referência que escolhemos.

Observe a imagem.

Fábio está em frente à fonte da praça. Mais à frente, está a agência de correio. À direita de Fábio, está a escola em que ele estuda. À esquerda, estão o banco e a floricultura. Atrás dele, está o quarteirão onde ficam a delegacia e a sorveteria.

ATIVIDADE

Identifique o que Fábio encontraria se agora ele estivesse na calçada da praça, em frente para a escola:

À ESQUERDA DE FÁBIO ESTARIA?

À DIREITA DE FÁBIO ESTARIA?

À FRENTE DE FÁBIO À DIREITA?

MUSEU.

SORVETERIA.

MERCADO.

POLÍCIA.

CORREIO.

Formas de se orientar pelo Sol

Também podemos usar o Sol para nossa **orientação**.

Todos os dias, pela manhã, o Sol "nasce" sempre no mesmo lado.

O lado em que o Sol "nasce" pela manhã chama-se **nascente**.

À tardinha, o Sol começa a se "pôr". Ele se "põe" sempre no mesmo lado.

O lado em que o Sol se "põe" chama-se **poente**.

O Sol está "nascendo". É manhã, começa o dia.

O Sol está se "pondo". Começa a noite.

Como o Sol "nasce" e se "põe" sempre na mesma direção, podemos utilizar esses pontos para nos localizarmos, como a menina da ilustração abaixo. Ao apontar o braço direito para o lado em que o Sol "nasce", ela ficou sabendo que:

- o braço direito apontou para o nascente que é voltado para o lado **leste**;
- o braço esquerdo apontou para o poente que é voltado para o lado **oeste**.

Ela também descobriu que:

- atrás dela fica o **sul**;
- à frente dela fica o **norte**.

Norte, sul, leste e oeste são os **pontos cardeais**, que servem para nos orientar no espaço.

Rosa dos ventos, bússola e GPS

Em mapas, navios e aviões, os pontos cardeais são indicados pela **rosa dos ventos**. Além dos pontos cardeais, a rosa dos ventos pode indicar os **pontos colaterais**. Pontos colaterais são as direções que ficam entre os pontos cardeais.

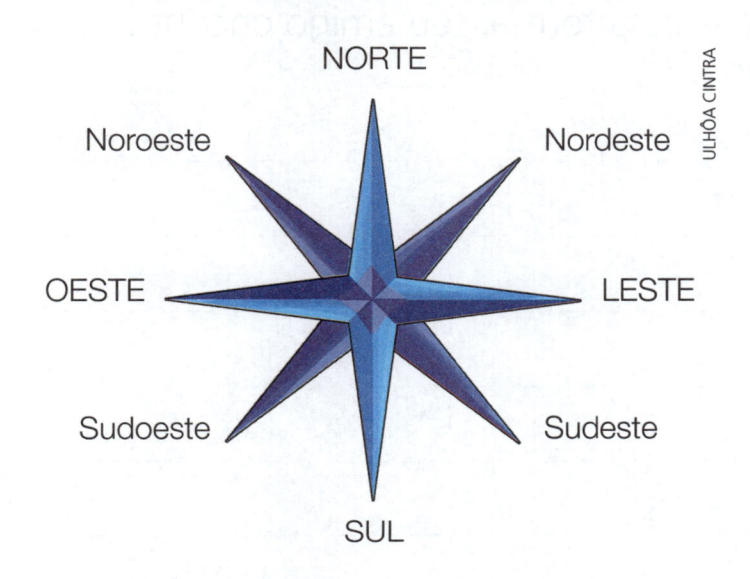

NORTE
Noroeste
Nordeste
OESTE
LESTE
Sudoeste
Sudeste
SUL

Mas, quando estamos em determinado lugar, sem ter como observar o Sol, como podemos saber onde ficam o norte, o sul e as demais direções? Para isso, utilizamos uma **bússola**.

No mostrador das bússolas, há uma agulha ou ponteiro que sempre aponta para o norte. Assim, sabendo onde fica o norte, podemos localizar os outros pontos cardeais.

Bússola.

Atualmente, existe o GPS (abreviação em inglês para *Global Positioning System*, ou, em português Sistema de Posicionamento Global). O GPS é um meio de orientação por satélite. Com esse instrumento, é possível localizar com precisão um objeto em qualquer lugar da superfície da Terra.

Aparelho de GPS.

ATIVIDADES

1 Um amigo vai à sua casa. Indique alguns lugares bem conhecidos que ficam perto dela (avenidas, casas comerciais, pontos de ônibus etc.) e podem servir como pontos de referência. Dessa forma, seu amigo encontrará sua casa mais facilmente.

_____
_____
_____
_____
_____

2 Marque com um **X** o que for correto.

a) O Sol "surge":

☐ à tarde. ☐ à noite. ☐ pela manhã.

b) O Sol se "põe":

☐ à tarde. ☐ à noite. ☐ pela manhã.

3 Com base nas informações dos textos, responda.

a) Como se chama o lado em que o Sol "nasce" pela manhã?

_____

b) E o lado em que o Sol se "põe" à tarde?

_____

4 Considerando o Sol como referência, escreva o nome das dependências da escola que se localizam:

a) ao norte:

_____
_____
_____

b) ao sul:

_____
_____
_____

5 Sobre os modos de orientação no espaço, associe.

| A | GPS. | B | Bússola. | C | Sol. |

☐ Instrumento de orientação semelhante a um relógio, que tem uma agulha imantada sempre apontada para o norte.

☐ Meio moderno de orientação que permite localizar com precisão um objeto em qualquer lugar da superfície da Terra.

☐ Os pontos cardeais foram determinados com base na observação de sua posição.

EU GOSTO DE APRENDER

Leia o que você estudou nesta lição.

- Podemos nos orientar utilizando pontos de referência, como direita, esquerda, frente e atrás.

- Também podemos encontrar as direções cardeais (ou pontos cardeais) pela posição do Sol.

- O lado em que o Sol aparece é o nascente, que fica no sentido do leste ou oriente.

- O lado em que o Sol se esconde é o poente, que fica no sentido do oeste ou ocidente.

- A rosa dos ventos é um desenho que indica onde ficam, nos mapas, os pontos cardeais norte, sul, leste e oeste.

- A rosa dos ventos também indica os pontos colaterais nordeste, sudeste, noroeste e sudoeste, que ficam entre os pontos cardeais.

- A bússola é um instrumento de orientação. Nela existe um ponteiro que sempre aponta para a direção norte.

- Uma invenção recente é o GPS – que significa, em português, Sistema de Posicionamento Global, ou, em inglês, *Global Positioning System*.

- O GPS é um modo de indicar a direção de qualquer pessoa ou objeto no planeta por meio de satélites, que enviam informação para receptores como celulares, computadores e outros.

ATIVIDADES

1 Quais são as formas de orientação espacial? Marque com um **X**.

☐ Pontos de referência.

☐ GPS.

☐ Mapas e guias turísticos.

☐ Lua e outros planetas.

☐ Sol e outras estrelas.

☐ Rosa dos ventos e bússola.

2 Você já se orientou por alguma dessas formas que marcou na atividade 1? Conte como foi.

_____

_____

3 Imagine que em um dia ensolarado você foi passear a pé com a família, em um local no campo, e todos acabaram perdidos. Vocês não levaram bússola nem têm GPS. A única coisa que sabem é que a cidade de onde vieram fica a leste de onde estão. Como farão para descobrir onde é o leste?

_____

_____

4 Imagine agora que você é o comandante de um navio. Ao consultar um mapa de navegação, você consegue identificar perfeitamente os pontos cardeais nesse mapa. Por quê? O que esse mapa apresenta para isso ser possível?

_____

_____

EU GOSTO DE APRENDER MAIS

Quando a rosa dos ventos foi inventada?

Rosa dos ventos de carta náutica pertencente ao *Atlas Vallard*, Dieppe, França, 1547.

Fonte: IBGE. *Atlas Geográfico Escolar*, 2012.

Essa representação dos pontos cardeais e colaterais começou a aparecer em mapas do século XIV. Foi chamada de "rosa" porque sua aparência lembrava as pétalas dessa flor. E era "dos ventos" porque inicialmente era utilizada para descobrir a direção dos ventos, o que era muito importante para os barcos movidos a vela daquela época.

Às vezes, nos mapas, desenhavam apenas a ponta de uma seta, indicando o norte, mas os experientes marinheiros já sabiam que aquilo era a rosa dos ventos.

Até hoje os **cartógrafos** costumam indicar o norte com uma seta.

VOCABULÁRIO

cartógrafo: profissional que elabora mapas.

ATIVIDADES COMPLEMENTARES

1 Sublinhe a frase que indica o assunto do texto.

a) Explica qual é o trabalho dos cartógrafos.

b) Conta quando apareceram as primeiras rosas dos ventos.

c) Fala do modo antigo de navegar, em caravelas.

d) Ensina que a rosa dos ventos só pode ser desenhada completa, isto é, com todos os pontos cardeais e colaterais.

2 Complete as frases a seguir.

a) As "pontas" da rosa dos ventos já foram representadas por _____.

b) Inicialmente, a rosa dos ventos indicava a direção dos _____. Isso era muito importante porque os barcos eram movidos a _____.

LEIA MAIS

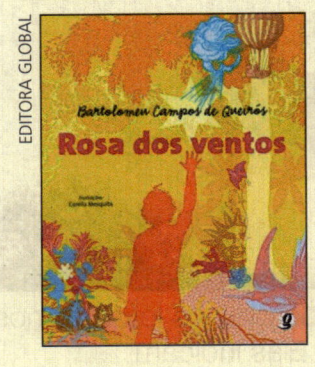

Rosa dos ventos

Bartolomeu Campos de Queirós. Ilustrações de Camila Mesquita. São Paulo: Global, 2009.

O livro trata de vários aspectos do planeta, que definem o que são os pontos cardeais, inserindo outros aspectos que exploram ritmo, sons, sensibilidade e emoções.

LIÇÃO 5 — AS RUAS

As ruas têm nome

Qual é o nome da rua de sua escola? E a rua onde você mora, como se chama?

Todas as ruas têm um nome ou um número.

Isso é necessário para podermos localizar na cidade e no bairro uma residência, um estabelecimento ou outra construção qualquer.

O nome das ruas é dado pela Câmara dos Vereadores de um município. Um vereador apresenta um projeto de nome, todos discutem, votam e, se for aprovado, o projeto torna-se oficial.

O nome de uma rua pode ser sugerido por cidadãos que desejam, por exemplo, homenagear alguém que já morreu, e então escolhem o nome dessa pessoa para ser o nome da rua.

Outros nomes usados para ruas, avenidas e praças são de países, de santos da Igreja Católica, de emoções e sentimentos, de flores, de pássaros... a lista é enorme! Exemplos: Rua Pedro Álvares Cabral, Rua Miosótis, Rua da Onça-Pintada, Rua Portugal, Rua do Morro, Rua São Sebastião, Rua da Saudade etc.

É possível mudar o nome de uma rua? Sim! Os cidadãos podem enviar um pedido de mudança de nome de rua para a Câmara Municipal. O processo é o mesmo: os vereadores discutem, votam e, se for aprovada, a proposta é implantada.

As placas ajudam a nos localizarmos nos espaços. Elas indicam corretamente o nome das ruas para que possamos nos deslocar de modo correto.

ATIVIDADES

1 Observe este mapa de um trecho da cidade de Salvador e faça uma lista de cinco nomes de ruas encontrados.

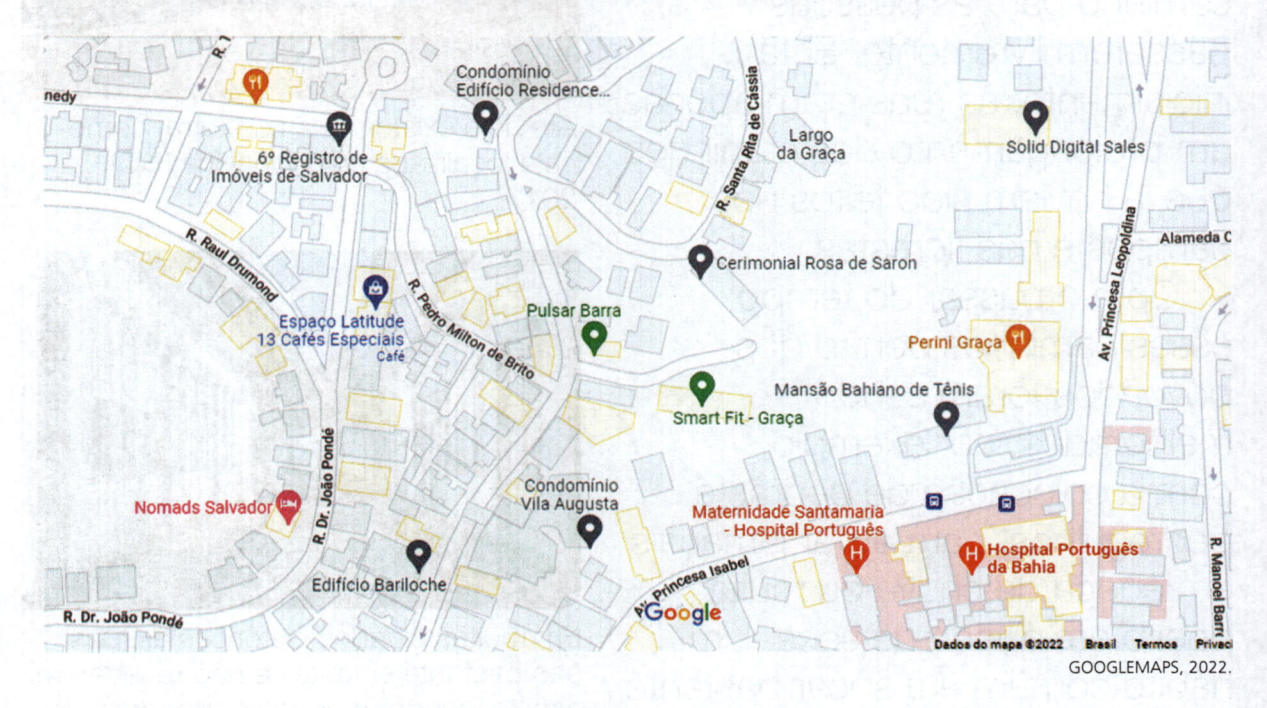

GOOGLEMAPS, 2022.

_____

_____

2 Para que servem os nomes das ruas?

_____

_____

As ruas têm função

E para que servem as ruas?

As ruas são feitas para a circulação de pessoas e de veículos. Por isso, as ruas são espaços públicos, isto é, pertencem a todos e não a pessoas em particular.

Há muitos e muitos anos, quando os seres humanos começaram a construir vilarejos, perceberam que precisavam deixar entre as casas um caminho para as pessoas passarem livremente. Então, inicialmente, as ruas eram apenas um prolongamento dos caminhos que já haviam sido feitos nos campos e nas florestas.

Até hoje existem ruas de terra, como esta localizada em Planaltina (GO), 2017.

Com o passar do tempo, esses caminhos dentro dos povoados foram sendo melhorados, por exemplo, com a colocação de pedras e pedregulhos, para evitar lamaçais em época de chuva ou muita poeira em época de seca. Um hábito comum era socar bastante o terreno para deixar o solo bem compacto e quase impermeável às chuvas. Eram as ruas de "terra batida", que até hoje existem em algumas localidades pequenas no mundo inteiro.

Em muitas cidades históricas as ruas são bastante estreitas e não receberam asfalto, sendo cobertas por pedras ou paralelepípedos.

No início da nossa história, nas cidades brasileiras, as ruas eram muito estreitas e quase não davam passagem para carros de boi ou cavaleiros.

A partir do fim do século XIX, quando ocorreu a invenção do automóvel, tudo mudou. As ruas precisaram ser alargadas, tornando-se grandes avenidas, porque os veículos automotivos passaram a dominar.

O hábito de asfaltar ruas, e não mais utilizar pedras (paralelepípedos), surgiu da necessidade de criar caminhos confortáveis para automóveis, ônibus e caminhões.

A Avenida Paulista no dia da sua inauguração, pintura de Jules Martin, 1891.

Avenida Paulista, em São Paulo, retratada em cartão-postal de 1911.

Avenida Paulista nos dias atuais.

Compare as fotos de três períodos diferentes da Avenida Paulista em São Paulo. Observe as transformações que ocorreram com o passar dos anos para atender às necessidades de cada momento da sociedade.

ATIVIDADES

1 Sublinhe a alternativa correta e complete as frases.

a) As ruas de uma cidade pertencem a todos os cidadãos. Por isso, são espaços _____ (públicos/privados).

b) As ruas devem ser conservadas pelo governo _____ (municipal/estadual/federal).

c) As ruas e avenidas atuais são mais _____ (largas/estreitas) do que as ruas e avenidas do passado.

d) No passado, as ruas costumavam ser mais _____ (largas/estreitas) porque ainda não havia _____ (automóveis/carros de boi).

2 Faça dois desenhos nos quadros a seguir: uma rua do passado, com pessoas e veículos que poderiam existir, e uma rua do presente, também com pessoas e veículos que existem agora.

Organização do trânsito

O guarda de trânsito

O **guarda de trânsito** é um dos responsáveis pela segurança no trânsito. É ele quem organiza o movimento de veículos (caminhões, carros, ônibus, motocicletas etc.) e de pedestres.

As faixas de segurança

As **faixas de segurança** são listras brancas pintadas no chão das ruas e das estradas. Os veículos devem parar antes das faixas de segurança para que os pedestres possam atravessar as ruas ou avenidas, quando os sinais ou o guarda de trânsito indicar.

Os sinais de trânsito

O **semáforo**, **sinaleiro** ou **farol** controla a passagem de pessoas e veículos no trânsito.

Vermelho
Atenção! Devo aguardar.

Verde
Os carros pararam e eu posso atravessar a rua.

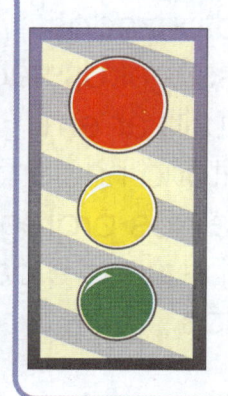

O **vermelho** significa: Perigo! Pare!

O **amarelo** significa: Atenção! Espere!

O **verde** significa: Sinal aberto.

Só podemos atravessar a rua quando o semáforo para pedestres estiver indicando a cor verde. Mesmo assim, devemos olhar para os dois lados para ter certeza de que não está passando nenhum veículo.

Os carros só podem seguir quando o semáforo para veículos estiver indicando a cor verde.

As **placas de sinalização** também orientam os pedestres e os motoristas dos veículos.

Observe algumas delas.

Permitido estacionar.

Proibido retornar.

Proibido acionar buzina ou sinal sonoro.

Proibido trânsito de bicicletas.

Área escolar.

Velocidade máxima permitida.

Cinto de segurança

O **cinto de segurança** é um item dos veículos motorizados que motoristas e passageiros são obrigados, por lei, a utilizar em todas as vias do território nacional. O cinto de segurança nos protege em caso de freadas bruscas e de choques entre veículos.

Cuidados no trânsito

Leia o texto a seguir.

Todos os dias acontecem acidentes de trânsito. Para evitar esses acidentes, temos de respeitar as leis de trânsito, porque elas foram feitas para auxiliar a todos. Por isso, é importante prestar bastante atenção nas dicas de cuidados no trânsito.

- Respeite todos os sinais de trânsito.
- Olhe para os dois lados quando atravessar uma rua ou avenida e espere os veículos pararem.
- Atravesse sempre na faixa de pedestres ou nas passarelas.
- Se a rua não tiver faixa nem semáforo, atravesse em lugar reto e sem curvas, para poder enxergar os carros.
- Ande pela calçada.
- Se não tiver calçada, ande próximo ao muro da direção contrária dos veículos.
- Não coloque a cabeça ou os braços para fora da janela nem fique em pé dentro dos veículos.
- Se você vai para a escola de ônibus, espere-o parar para poder entrar e sair.
- Evite brincadeiras que possam distrair o motorista.
- Use sempre o cinto de segurança.
- Se você tem menos de 10 anos, só pode sentar no banco de trás dos carros.

JOSÉ LUIS JUHAS

- Se houver policiais ou agentes municipais de trânsito, siga suas orientações ou peça alguma instrução se tiver dúvidas.
- Menores de 18 anos não podem dirigir veículos ciclomotores.

Para ajudar a melhorar cada vez mais a qualidade do trânsito, devemos seguir essas dicas e ensiná-las para todos. Afinal, um trânsito seguro depende de todos nós.

Fonte: Smartkids. *Cuidados no trânsito*. Disponível em: http://www.smartkids.com.br/trabalho/transito. Acesso em: 31 jul. 2022.

ATIVIDADES

1 Escolha no texto dois cuidados que devemos ter no trânsito. Depois, copie-os no caderno e ilustre-os.

2 Leia as palavras e forme frases sobre os cuidados que devemos ter no trânsito.

a) pedestres – faixa – passarela

_____

_____

_____

b) criança – cinto de segurança – banco de trás.

_____

_____

_____

3 Leia as frases a seguir e assinale com um **X** as que indicam atitudes corretas no trânsito.

☐ Andar sobre o meio-fio ou muito próximo a ele e aos automóveis.

☐ Só atravessar a rua após ter certeza de que todos os veículos estão parados.

☐ Não atravessar em curvas ou lugares com árvores, prédios ou veículos que possam impedir a visão dos motoristas.

☐ Circular pelas ruas usando patins ou *skates* em alta velocidade.

☐ Antes de atravessar a rua, olhar para a esquerda, depois para a direita e atravessar em linha reta.

☐ Fazer movimentos ou manobras imprevistas que possam assustar os motoristas.

☐ Atravessar a rua fora dos limites da faixa de pedestres.

☐ Não andar com animais soltos que possam incomodar os outros pedestres, ser atropelados ou causar um acidente.

☐ Atravessar a rua sem olhar para os dois lados.

Acessibilidade nas ruas

Todos têm necessidades que precisam ser atendidas, como comer, tomar banho e dormir. Precisamos também de cuidados especiais quando, por exemplo, ficamos doentes.

Mas há pessoas que precisam de cuidados ainda mais especiais. É o caso de pessoas com deficiências visual, auditiva e física (como pessoas que se locomovem em cadeiras de rodas ou muletas), entre outras.

Para que as pessoas com deficiências possam transitar nos lugares, as edificações, as formas de comunicação e os meios de transporte que circulam pelas ruas precisam ser adaptados a essas especificidades.

Nas ruas, por exemplo, é necessário:
- fazer rampas e calçadas rebaixadas para os cadeirantes;
- colocar pisos **táteis** e de alerta para as pessoas com deficiência visual;
- instalar barras de metal nas entradas dos edifícios;
- instalar aviso sonoro nos semáforos para que as pessoas com deficiência visual saibam quando podem atravessar a rua.

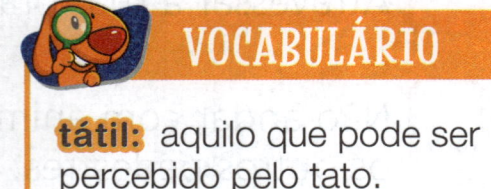

VOCABULÁRIO

tátil: aquilo que pode ser percebido pelo tato.

Pisos táteis e sinais sonoros são importantes para que as pessoas com deficiência visual possam se locomover de maneira independente.

Nos meios de transporte são necessárias outras adaptações, como instalar elevador nos ônibus para cadeirantes e pessoas que utilizam muletas.

Para facilitar a comunicação, algumas das adaptações seriam:
- disponibilizar informações em **braille** para pessoas com deficiência visual;
- contratar pessoas que saibam a Língua Brasileira de Sinais (Libras).

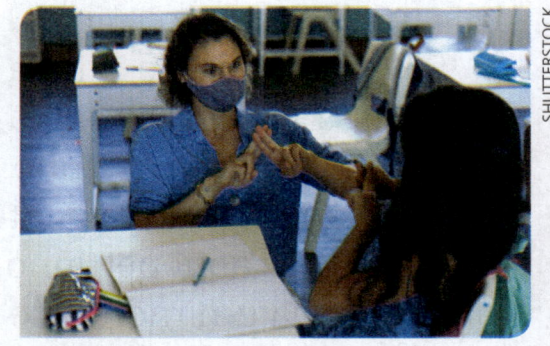

Foto de professora dando aula para crianças com deficiência auditiva.

VOCABULÁRIO

braille: sistema de escrita com pontos em relevo que as pessoas com deficiência visual utilizam para ler pelo tato.

ATIVIDADES

1 Leia as adaptações a seguir e escreva a quem elas se dirigem.

a) Rampa: _____

b) Barra de metal em portas ou paredes: _____

c) Piso tátil e de alerta: _____
_____

d) Sinal sonoro no semáforo: _____
_____

183

2 Leia o texto com o professor.

Se essa rua fosse minha

Se essa rua fosse minha,
eu não moraria sozinho.
Eu chamaria muita gente,
pra morar aqui pertinho.
Chamaria um monte de amigos,
alguns parentes,
e até o meu irmão.
São todas pessoas queridas,
que eu gosto muito,
e amo do fundo do meu coração.
O André moraria na casa ao lado.
A Mariana, na casa da frente.
O Renato iria morar na esquina.
O Marcelo, no meio do quarteirão.
Tudo seria diferente.
Tudo seria tão bom,
Se essa rua fosse minha.

Eduardo Amós. *Se essa rua fosse minha*.
São Paulo: Moderna, 2002. p. 8-10.

- Agora, você é o autor! Se essa rua do poema fosse sua, o que você faria? Como ela seria? Quem você gostaria de trazer para morar pertinho? Escreva o poema no caderno e ilustre-o.

EU GOSTO DE APRENDER

Leia o que você estudou nesta lição.

- As ruas têm nomes para facilitar a localização de residências e estabelecimentos em geral.
- Os cidadãos podem sugerir mudança nos nomes de ruas.
- As ruas são espaços públicos, pois pertencem aos municípios.
- As ruas servem para a circulação de pessoas e de veículos.
- Para organizar o trânsito e oferecer segurança aos pedestres existem guardas de trânsito, faixas de segurança e sinais de trânsito.
- Nas ruas devem existir facilidades para as pessoas com deficiência, como rampas e avisos sonoros nos semáforos.

ATIVIDADES

1 Escreva nomes de ruas e avenidas que existem em sua cidade e remetem aos elementos a seguir.

a) Personagem histórico: _____

b) Forma de relevo: _____

c) Nome indígena: _____

d) Nome de pássaro: _____

e) Nome de árvore: _____

f) Nome de país: _____

g) Número: _____

h) Nome de rio: _____

2 Como é definido o nome de uma rua? Explique.

_____

_____

3 Marque a principal função das ruas.

☐ Trânsito de veículos, apenas.

☐ Localização de moradias.

☐ Circulação de pessoas e de veículos.

☐ Ligação entre pontos distantes de uma cidade.

4 Por que as ruas e as avenidas atuais precisam ser mais largas do que eram no passado?

_____

_____

5 Escreva o que há nas ruas para organizar o trânsito e para a segurança dos pedestres.

_____

_____

_____

EU GOSTO DE APRENDER MAIS

Cuidar das ruas

Ruas, avenidas, praças e becos, enfim, todos os caminhos de uma cidade deveriam existir para tornar melhor a vida das pessoas. A administração pública, isto é, o prefeito e as demais autoridades encarregadas de cuidar dos municípios, tem o dever de pensar no bem-estar dos cidadãos.

Mas será que isso acontece?

Em muitos locais do Brasil podem ser encontradas ruas esburacadas, sem iluminação adequada e calçadas em más condições. Em outras, as prefeituras colocam obstáculos em lugares em que as pessoas sem moradia costumam se abrigar, para impedi-las de ficar ali.

Mas também há cidades em que os administradores constroem bancos e locais de lazer para que os pedestres possam descansar.

Rua no centro da cidade de Londrina, no Paraná, com excelente estado de conservação, 2021.

Praça na cidade de Cunha, em São Paulo, com bancos para sentar e até um coreto, 2021.

IMAGENS: SHUTTERSTOCK

ATIVIDADES COMPLEMENTARES

1 Marque com um **X** qual é o assunto do texto.

☐ O texto informa que no Brasil há apenas ruas malcuidadas.

☐ O texto informa que no Brasil também existem ruas feitas para melhorar a vida das pessoas.

☐ O texto informa que as ruas precisam ter obstáculos para impedir que pessoas sem moradia permaneçam nas calçadas.

☐ O texto informa que os cidadãos cuidam das ruas.

2 E em sua cidade, como é? As ruas são bem cuidadas e feitas para melhorar a vida das pessoas ou são malcuidadas? Explique.

_____
_____
_____

3 Se você fosse pedir aos administradores de sua cidade algumas melhorias para as ruas e avenidas, o que pediria?

_____
_____
_____
_____

4 Nas cidades, há muitas pessoas que não têm onde morar e precisam permanecer nas ruas. Em sua cidade existem pessoas nessa situação? Conte o que sabe para o professor e para os colegas.

5 Desenhe como você imagina que as ruas devem ser para melhorar a vida dos cidadãos. Represente tudo o que considerar necessário.

LEIA MAIS

Sim, eu posso! Um guia para as crianças lidarem com as limitações físicas

Kathleen M. Muldoon. Ilustrações de R. W. Alley. São Paulo: Paulus, 2011.

O livro mostra como as crianças deficientes podem ter uma vida normal, em casa e nas ruas.

LIÇÃO 6 — O BAIRRO

Leia o texto da escritora Ruth Rocha sobre um bairro.

O bairro do Marcelo

Perto da minha casa tem um lugar que tem uma porção de lojas!

Tem uma quitanda onde a gente pode comprar todas as frutas e verduras...

Maçãs, bananas, tomates e berinjelas...

Tem uma livraria que tem livros grandes e pequenos, engraçados e sem graça, com figuras e sem figuras.

Nesta livraria eu vi um livro com um cachorrão na capa!

Nesse lugar tem uma loja onde só vendem sapatos e eu fui lá com minha mãe e a minha irmã. Eu comprei tênis vermelhos e minha irmã comprou tênis de bolinhas...

Ruth Rocha. *O bairro do Marcelo*. São Paulo: Salamandra, 2001. p. 3-6.

O **bairro** é uma parte da cidade. Ele é formado por ruas, avenidas, praças, casas e diferentes edifícios distribuídos em quarteirões.

O **quarteirão** ou **quadra** é um espaço cercado, em geral, por quatro ruas.

No bairro, podemos encontrar residências, casas comerciais, escolas, hospitais, prontos-socorros, delegacias de polícia, bancos, locais de prestação de serviços etc.

Casas comerciais, como padaria, açougue, banca de jornal, loja de roupas, entre outras, são lugares em que se compram e se vendem produtos.

Assim como nas ruas e nas escolas, o bairro é um espaço de convivência entre seus moradores e entre quem nele trabalha como os trabalhadores dos estabelecimentos comerciais e de outros tipos de serviços que o bairro pode oferecer, por exemplo, feira livre, hospital, posto de saúde, escolas etc.

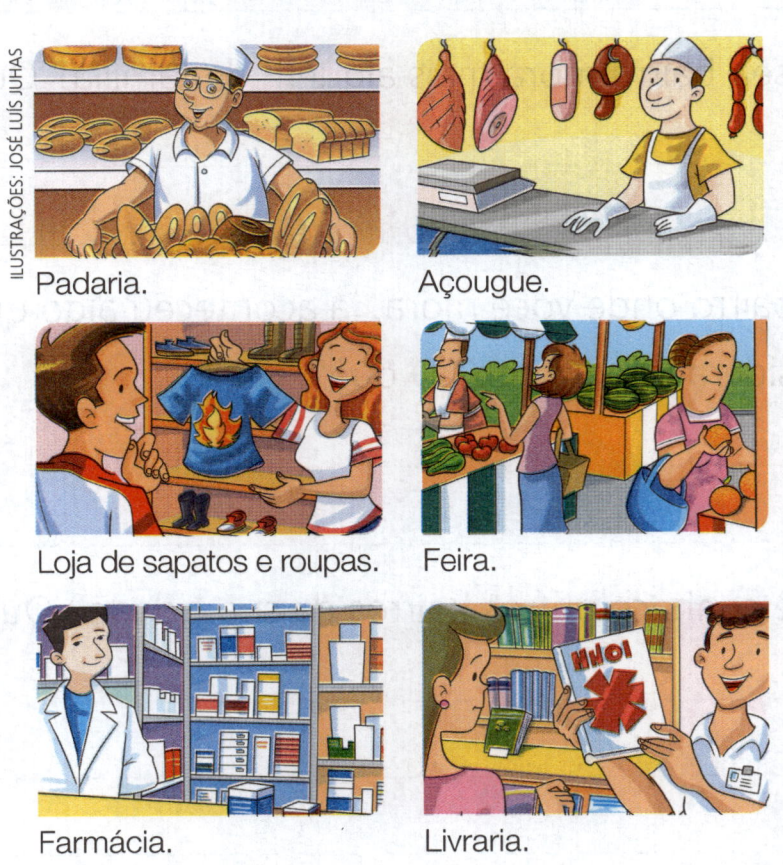

ILUSTRAÇÕES: JOSÉ LUÍS JUHAS

Padaria.

Açougue.

Loja de sapatos e roupas.

Feira.

Farmácia.

Livraria.

ATIVIDADES

1 Responda.

a) Qual é o nome do bairro onde você mora?

_____

_____

b) O bairro onde você mora é tranquilo ou movimentado?

_____

_____

c) Do que você mais gosta em seu bairro?

_____

_____

d) Em seu bairro mora mais alguém da família? Quem?

_____

_____

e) No bairro onde você mora, já aconteceu algo que você considera importante? O quê?

_____

_____

f) Você conhece outros bairros da sua cidade? Quais?

_____

_____

_____

2 Marque com um **X** os tipos de casas comerciais que existem em seu bairro.

- ☐ Livraria.
- ☐ Loja de calçados.
- ☐ Farmácia.
- ☐ Supermercado.
- ☐ Padaria.
- ☐ Açougue.
- ☐ Loja de tecidos.
- ☐ Armarinho.
- ☐ Floricultura.
- ☐ Lanchonete.
- ☐ Loja de brinquedos.
- ☐ Sorveteria.

3 Escreva o endereço de alguns locais em que sua família costuma fazer compras.

a) padaria:
_____
_____

b) farmácia:
_____
_____

c) supermercado:
_____
_____

4 Acompanhe o caminho da Alice de casa para a escola. Agora, responda.

a) A casa da Alice fica no mesmo quarteirão da escola?

_____

b) Quantos quarteirões Alice percorreu de sua casa até a escola?

_____

c) Quantas ruas ela atravessou?

_____

d) Alice escolheu outro caminho para ir à escola. Nesse novo caminho, ela virou à esquerda na primeira rua e depois à direita na outra rua. Alice percorreu mais quarteirões e atravessou mais ruas?

_____

Em uma cidade existem bairros antigos e novos. Alguns estão localizados próximos ao centro e outros ficam mais distantes, na periferia. Também podemos encontrar bairros em que as construções são feitas sem muitos recursos, e não há ruas asfaltadas, iluminação pública, além de faltar escolas, postos de saúde e hospitais. Há, ainda, os que são fechados ou cercados por muros, chamados condomínios.

Dependendo da concentração de residências, comércios ou indústrias, os bairros podem receber classificações: **residenciais**, **comerciais** e **industriais**.

Bairros residenciais

Nos bairros residenciais, a maior parte das construções é usada para moradia. Neles, em geral, há pequenos comércios (padaria, açougue e farmácia, por exemplo) que atendem aos moradores locais.

Vista aérea de bairro residencial em Campo Grande (MS). 2019.

Bairros comerciais

Os bairros comerciais concentram estabelecimentos que se dedicam a atividades de comércio, ou seja, à venda de produtos variados.

Em geral, esses bairros são bastante movimentados durante o dia por causa da circulação de pessoas em busca de produtos que são comercializados nos estabelecimentos.

Rua de comércio do centro de São Paulo (SP). 2019.

Bairros industriais

Os bairros industriais são aqueles que concentram muitas indústrias e fábricas.

Esses bairros precisam contar com uma eficiente rede de rodovias, ferrovias e outras vias que permitam a chegada de **matérias-primas** às indústrias e o transporte dos produtos finalizados. Pelas ruas desses bairros observa-se um grande movimento de operários nos horários de entrada e saída do trabalho.

Geralmente, nos bairros industriais, há bastante poluição por causa da fumaça das chaminés das fábricas, do movimento de caminhões etc.

Vista aérea de distrito industrial, em Sorocaba (SP), 2019.

VOCABULÁRIO

matéria-prima: material ou substância que se utiliza para a fabricação de um produto.

ATIVIDADES

1 Use as informações obtidas nesta lição para resolver as atividades a seguir.

a) O bairro onde você mora é de que tipo?

_____

_____

b) O que podemos encontrar em um bairro residencial?

_____

_____

c) Cite alguns elementos que podem ser encontrados em um bairro comercial.

_____

d) O que encontramos em um bairro industrial?

_____

2 Em que tipo de bairro mora cada aluno da sala de aula? Com o professor, vamos preencher os dados para visualizar a resposta dessa questão em um gráfico. Para cada aluno que mora em um tipo de bairro, pinte um retângulo. Escolha uma cor para cada tipo de bairro.

Nº de alunos			
14			
13			
12			
11			
10			
9			
8			
7			
6			
5			
4			
3			
2			
1			
Tipo de bairro	Residencial	Comercial	Industrial

As transformações dos bairros

Todo bairro tem uma história que está relacionada com os seus moradores antigos e novos e as transformações que sofre no decorrer dos anos.

Conforme um bairro se desenvolve, ele vai recebendo novas casas e moradores e isso impulsiona a criação ou transformações do comércio e outros serviços para atender às necessidades das pessoas que lá vivem.

Nas imagens você observa dois momentos de uma avenida em Belo Horizonte, Minas Gerais. Ela foi inaugurada em 1897 para cruzar a cidade de norte a sul.

Com o passar dos anos, a avenida sofreu várias transformações: ampliação da sua largura e extensão e mudança do tipo de árvores plantadas dos dois lados. Essas transformações são necessárias para atender àqueles que vivem ali ou precisam circular pelo local.

Avenida Afonso Pena, em Belo Horizonte (MG), na década de 1930.

Avenida Afonso Pena, em Belo Horizonte (MG), em 2021.

Muitas vezes as transformações de um bairro são provocadas pela chegada de novos moradores. Eles podem vir de outro estado do Brasil ou ainda serem estrangeiros, vindos de outros países.

Moradores de Guaianases, São Paulo (SP), em 1965.

Veja o caso de Guaianases, um bairro bem afastado do centro da cidade de São Paulo.

O lugar onde está Guaianases, bem no passado, era área do povo indígena Guaianás. Depois que eles deixaram a região, portugueses e seus descendentes começaram a viver ali. Na metade do século XIX, a criação de uma estação de trem da nova estrada de ferro que ligava o Rio de Janeiro a São Paulo trouxe para a região novos moradores, entre eles imigrantes italianos e espanhóis e seus descendentes.

Na região começaram a funcionar olarias, marcenarias e uma pedreira, trazendo novas atividades para o bairro. Anos depois, já na metade do século XX, Guaianases passou a receber pessoas que vinham do Nordeste em busca de melhores condições de vida em São Paulo. Mais recentemente, o bairro passou a atrair bolivianos, haitianos e nigerianos.

Cada novo morador, ao chegar a um lugar, traz consigo seu modo de vida, suas tradições, como hábitos alimentares, idioma, regionalismos de sua língua, profissão. Esses aspectos se misturam aos que já existem no lugar e transformam as características do bairro também nos aspectos culturais.

Fachada de uma *lan house* em Guaianases (SP). A identificação da loja traz o texto em inglês para atender os imigrantes que ainda não falam português. Foto de 2015.

199

ATIVIDADES

1 O que você mais gosta no seu bairro?

_____

2 Você já notou alguma transformação no seu bairro?

_____

3 Com a ajuda do professor, vamos fazer um levantamento das origens das famílias dos alunos da turma. Siga o roteiro.

a) Sua família vem de onde?

_____

_____

b) Do que ela gosta no bairro onde mora?

_____

_____

c) O que ela usa/que lugar frequenta no bairro onde mora?

_____

_____

d) O que ela estranha no bairro onde mora?

_____

_____

e) Do que ela sente falta no bairro onde mora?

_____

_____

4 Agora vamos construir um gráfico sobre a origem dos alunos da turma. Cada aluno menciona de qual lugar veio a família conforme dados levantados na atividade 3.

Nº de alunos					
14					
13					
12					
11					
10					
9					
8					
7					
6					
5					
4					
3					
2					
1					
Nome dos lugares de onde vieram					

Os serviços públicos no lugar onde moro

Nos locais onde moramos o governo deve oferecer alguns serviços que garantam a saúde e atendam às pessoas que ali vivem.

Todos os habitantes de um lugar pagam **impostos** e taxas ao governo. É com esse dinheiro que são realizados diversos serviços públicos.

Conheça alguns dos serviços públicos necessários em um bairro:
- construção de rede de água e esgoto;
- tratamento da água para beber e tratamento do esgoto;
- coleta de lixo;
- calçamento, limpeza e arborização de ruas e praças, iluminação etc.;
- serviços de transporte coletivo;
- construção e conservação de estradas, pontes, ruas etc.;
- construção e funcionamento de escolas, creches, parques infantis, bibliotecas públicas etc.;
- construção de postos de saúde, prontos-socorros, hospitais públicos etc.;

VOCABULÁRIO

impostos: dinheiro cobrado pelos governos municipais, estaduais e federal de todas as pessoas e das empresas para financiar as obras e os serviços públicos de educação, saúde, assistência social, entre outros, de modo a beneficiar toda a sociedade.

A coleta de lixo é um serviço público.

O tratamento de água e esgoto é um serviço público.

- criação e conservação de áreas de lazer etc.

Os serviços públicos são realizados por diversos trabalhadores, chamados funcionários públicos.

ATIVIDADES

1 Explique o que são impostos.

_____

_____

_____

_____

2 Como você estudou, as pessoas que vivem num lugar, seja na área urbana ou na área rural, precisam receber alguns serviços básicos. No lugar em que você mora, há:

	Sim	Não
a) posto de saúde?	☐	☐
b) limpeza pública?	☐	☐
c) água encanada de qualidade?	☐	☐
d) destino certo para o lixo?	☐	☐
e) boa distribuição de alimentos?	☐	☐
f) transporte coletivo?	☐	☐
g) áreas de lazer?	☐	☐

3 Converse com seus familiares e conhecidos para saber mais sobre a qualidade dos serviços públicos prestados no lugar onde você mora. Depois, troque ideias com os colegas e responda: O que mais pode ser feito para melhorar a qualidade de vida no lugar onde você mora?

_____

_____

Os trabalhadores no bairro

Como você viu, para atender os moradores que vivem em um lugar é necessário grande quantidade de serviços. Por isso, no nosso dia a dia, estamos em contato com várias pessoas que trabalham no lugar onde moramos.

ILUSTRAÇÕES JOSÉ LUIS JUHAS

Mecânico.

Padeiro.

Carteiro.

Guarda de trânsito.

Lojista.

Sapateiro.

ATIVIDADES

1 Você conhece algum profissional que trabalha no seu bairro? Quais?

☐ Feirante. ☐ Lixeiro. ☐ Sapateiro.

☐ Costureira. ☐ Barbeiro. ☐ Cabeleireira.

☐ Jornaleiro. ☐ Carteiro. ☐ Médico.

☐ Enfermeiro. ☐ Dentista. ☐ Porteiro.

2 Desvende qual é o profissional pela descrição de características do seu trabalho.

a) Vai de casa em casa e a gente nem sempre precisa atender. Se vai em prédio, o porteiro se encarrega de receber.

_____

b) Faz a alegria da garotada quando soa sua buzina ou apito. Com seu carrinho, percorre as ruas do bairro oferecendo delícias para refrescar.

_____

c) Se um veículo tenho, sem esse profissional não posso ficar.

_____

d) Antes de o remédio receitar, é sempre ele que vai me examinar.

_____

A rotina dos bairros

Durante o dia, a rotina dos bairros é diferente do que é à noite. O comércio e muitos serviços fecham quando anoitece, como o barbeiro, o cabeleireiro, o serviço do carteiro, o do sorveteiro. Por isso, a movimentação de pessoas nas ruas dos bairros diminui. Embora ainda existam atividades à noite, em geral, as pessoas estão em seu momento de descanso nesse período.

Rua à noite do Centro Histórico da cidade de Ouro Preto (MG). Foto 2017.

Existem serviços, entretanto, que não deixam de funcionar nem à noite. Por exemplos, postos de gasolina, hospitais, prontos-socorros, bombeiros, farmácias, serviço de transporte coletivo, coleta de lixo, que funcionam, muitas vezes, 24 horas, especialmente nas grandes cidades.

Coleta de lixo noturna na cidade de Londrina (PR). Foto de 2016.

ATIVIDADES

1 Qual é o horário em que você e sua família realizam a maior parte das atividades diárias.

☐ Durante o dia. ☐ Durante à noite.

2 Marque **D** para dia, **N** para noite e **D/N** para dia e noite nos tipos de comércio e serviços a seguir.

- ☐ Feira livre.
- ☐ Lixeiro.
- ☐ Sapateiro.
- ☐ Costureira.
- ☐ Barbeiro.
- ☐ Banco.
- ☐ Escola.
- ☐ Carteiro.
- ☐ Hospital.
- ☐ Restaurante.
- ☐ Supermercado.
- ☐ Padaria.

3 Quais serviços do bairro a sua família utiliza durante o dia?

_____

_____

4 Quais serviços do bairro a sua família utiliza à noite?

_____

_____

O lazer

Além dos serviços públicos básicos, nos bairros deve haver também opções de lazer, como praças e parques, áreas para a prática de esportes, bibliotecas etc.

Todos nós precisamos descansar, nos distrair e nos divertir. Por isso, o lazer de boa qualidade é um direito de todos os cidadãos.

Lazer em família, Praia de Copacabana, Rio de Janeiro (RJ).

As atividades ao ar livro são uma maneira de se distrair e de estar em contato com a natureza.

Além dos locais próprios de lazer, as pessoas podem encontrar outras formas para se distrair, divertir-se e descansar. Ler, ouvir música, assistir à televisão, conversar e fazer trabalhos manuais, por exemplo, podem proporcionar bons momentos de lazer a todos.

ATIVIDADES

1. Quais são as áreas de lazer do lugar onde você mora? Escreva-as a seguir.

_____

_____

_____

2 O que você gosta de fazer em suas horas de lazer e diversão?

_____

_____

_____

3 Elabore um roteiro de passeio a um local de lazer. Complete os dados e ilustre-o no espaço a seguir.

Local: _____

Como chegar: _____

_____

O que há para fazer? _____

Melhor dia para visitar: _____

4 Observe o quadro pintado por Constância Nery, artista brasileira que utiliza a arte *naïf*.

Futebol na Várzea, futuros campeões, de Constância Nery, 2006. Óleo sobre tela.

a) Qual é o título da pintura?

_____

b) Qual é o tipo de bairro representado na obra?

_____

c) Na pintura, as pessoas estão em um momento de:

☐ lazer.   ☐ trabalho.

As associações de moradores

As pessoas sempre querem melhorias nos lugares em que moram. Um modo de conseguir isso é fundar uma associação de moradores, isto é, reunir um grupo de pessoas que moram no bairro e querem mudanças.

A associação de moradores discute o que deseja, faz um plano ou uma carta de propostas e encaminha para o governo do município, isto é, à subprefeitura, à prefeitura ou à Câmara dos Vereadores.

Por exemplo, a associação pode pedir: iluminação em alguma rua, asfalto e fechamento de buracos, criação de praças e de parques de lazer etc.

Uma associação de moradores pode propor medidas para melhorar a segurança do bairro, a saúde de seus habitantes e muitas outras coisas.

Associação de moradores do bairro Buritis (RO) em manifestação pela solução de problemas no bairro.

ATIVIDADES

1 O que é uma associação de moradores?

_____
_____
_____
_____
_____

2 A quem a associação de moradores de um bairro deve enviar suas propostas? Marque a resposta correta com um **X**.

☐ Ao presidente da República.

☐ Ao subprefeito, ao prefeito e aos vereadores.

☐ Aos deputados estaduais.

☐ Aos senadores da República.

3 Procure saber se em seu bairro existe uma associação de moradores. Registre o que descobrir a seguir, para depois comentar em sala de aula com os colegas e o professor.

_____

_____

4 Se você fosse participar de uma associação de moradores em seu bairro, o que iria propor para melhorar a vida das pessoas que residem lá? Faça uma lista.

_____

_____

5 Maria Cristina mora em uma rua sossegada, mas agora foi aberto um clube na sua rua e todas as noites o barulho é muito alto, ninguém consegue dormir. O que pode ser feito para solucionar o problema? Converse com os colegas e com o professor e apresente sugestões de como as pessoas devem agir.

_____

_____

_____

EU GOSTO DE APRENDER

Leia o que você estudou nesta lição.

- As cidades estão divididas em bairros. Os bairros são diferentes uns dos outros. Cada bairro recebe um nome.
- Há bairros antigos e novos, arborizados ou sem árvores, com muitas moradias ou com muitos estabelecimentos comerciais etc.
- Nos bairros residenciais, a maioria das construções é para moradia.
- Se a maioria das construções é para o comércio, o bairro é comercial.
- Se há muitas fábricas, isto é, a maioria das construções é para a indústria, o bairro é industrial.
- O bairro sofre transformações conforme recebe melhorias e novos moradores.
- Os moradores do bairro podem ser antigos ou novos, vindos de diferentes lugares. Cada grupo de moradores deixa marcas da sua cultura no bairro.
- No bairro deve haver serviços públicos como água encanada, esgoto, eletricidade e coleta de lixo.
- Os trabalhadores do bairro e a rotina durante o dia e à noite.
- Os bairros devem oferecer espaço de lazer para os moradores.
- Associações de bairros são formas de a comunidade se organizar para convivência e para conseguir melhorias para o lugar.

ATIVIDADES

1 Marque um **X** nas frases corretas.

☐ Em uma cidade, todos os bairros são iguais uns aos outros.

☐ Os bairros são partes de uma cidade.

☐ Os bairros podem ser antigos ou novos.

☐ Os bairros são todos arborizados em todas as cidades.

☐ Os bairros não têm nome.

2 Escreva o nome de quatro bairros do município onde você mora.

_____
_____
_____

3 O que é um bairro comercial? Escreva o nome de alguns tipos de comércio que podem existir.

_____
_____
_____
_____
_____

4 O que é um bairro industrial? Escreva o nome de alguns tipos de indústria que podem existir.

_____
_____
_____
_____

5 Quais tipos de indústria e comércio existem no bairro em que você vive?

_____
_____
_____
_____

6 Quais são os serviços públicos a que sua família tem acesso? Marque com um **X**.

☐ Energia elétrica.

☐ Rede de água e esgoto.

☐ Coleta de lixo.

☐ Posto de saúde próximo.

☐ Escola pública próxima.

☐ Correio.

☐ Áreas de lazer próximas.

EU GOSTO DE APRENDER MAIS

O bairro mais asiático do Brasil

Na cidade de São Paulo existe um bairro chamado Liberdade. Esse bairro é considerado o mais oriental ou asiático de nosso país, porque nele vivem milhares de descendentes de japoneses, chineses e coreanos. Essas pessoas trouxeram para o Brasil suas tradições e seus costumes, influenciando muito a cultura brasileira.

No bairro da Liberdade, as ruas são decoradas com motivos japoneses, e as placas das lojas são escritas em japonês ou coreano. Há um forte comércio de produtos orientais, como comidas típicas, roupas, jornais, revistas e livros, louças, utensílios domésticos e muito mais.

Os paulistanos de todos os bairros adoram passear na Liberdade e saborear deliciosos pratos típicos nos restaurantes ou na feira que é realizada todos os sábados e domingos na Praça da Liberdade.

O bairro da Liberdade, em São Paulo, preserva a cultura oriental por meio das construções, fachadas e manifestações culturais, como o ano-novo chinês.

ATIVIDADES COMPLEMENTARES

1 Complete: O texto fala de um bairro que se chama _____. Nesse bairro, vivem muitos descendentes de _____, _____ e _____.

2 Você conhece alguma comida típica japonesa? Qual?
_____

3 Onde você mora existe algum bairro típico? Qual?
_____
_____

4 Pesquise outros bairros no Brasil onde se concentram pessoas que vieram de outros lugares para morar lá.
_____
_____
_____

LEIA MAIS

O bairro do Marcelo

Ruth Rocha. Ilustrações de Alberto Linhares. São Paulo: Salamandra, 2012.

Ande na companhia de Marcelo para conhecer tudo o que existe no bairro dele!

LIÇÃO 7

AS PESSOAS SE LOCOMOVEM E SE COMUNICAM

Meios de transporte

Pessoas e mercadorias são levadas de um lugar para outro por diversos **meios de transporte**. Nas ruas das cidades e nas estradas, vemos carros, ônibus, caminhões, motocicletas e bicicletas.

Existem outros meios de transporte, como o avião, o navio, o metrô, o drone, o barco e o trem.

Meios de transporte terrestres

Os meios de transporte que circulam pela terra são chamados **terrestres**.

Metrô. Ônibus. Motocicleta.

Carros e bicicletas. Caminhão. Trem de carga.

Entre os meios de transporte terrestres, a bicicleta é muito conhecida. Ouça com atenção a letra de música a seguir, que fala sobre esse veículo.

A bicicleta

B-I-C-I-C-L-E-T-A

Sou sua amiga bicicleta.

Sou eu que te levo pelos parques a correr,

Te ajudo a crescer e em duas rodas deslizar.

Em cima de mim o mundo fica à sua mercê.

Você roda em mim e o mundo embaixo de você.

Corpo ao vento, pensamento solto pelo ar,

Pra isso acontecer, basta você me pedalar. [...]

Fonte: TOQUINHO; MUTINHO. A bicicleta. *Seu violão e suas canções 2*. Rio de Janeiro: Biscoito Fino, 2010.

ATIVIDADES

Responda:

a) Você já andou de bicicleta?

b) Em que lugares podemos andar de bicicleta?

Meios de transporte aéreos

Os meios de transporte que circulam pelo ar são chamados **aéreos**.

Avião.

Drone.

Meios de transporte aquáticos

Os meios de transporte que circulam pela água são chamados **aquáticos**.

Navio.

Canoa.

Alguns meios de transporte são particulares, e outros, coletivos.

Os **meios de transporte particulares** geralmente transportam poucas ou uma única pessoa, como os automóveis e as motocicletas.

Os **meios de transporte coletivos** podem ser usados por muitas pessoas. São exemplos: os ônibus, os trens, os metrôs, os aviões e as balsas.

ATIVIDADES

1 Ligue cada meio de transporte ao lugar onde ele circula.

ILUSTRAÇÕES: JOSÉ LUIS JUHAS

2 Desenhe no espaço abaixo o meio de transporte que você utiliza para ir à escola.

As pessoas se comunicam

As pessoas sempre tiveram necessidade de se comunicar. Elas fazem contato umas com as outras pelos **meios de comunicação**.

Os meios de comunicação servem para transmitir informações e proporcionar diversão.

Observe alguns meios de comunicação.

Carta.

Rádio.

Telefone celular.

Computador.

Televisão.

Cinema.

Qual ou quais meios de comunicação mostrados nas fotos você conhece?

Tipos de meios de comunicação

Alguns meios de comunicação podem informar muitas pessoas ao mesmo tempo. Nesse caso, são chamados meios de comunicação de massa. Veja alguns exemplos:

Revista e jornal. Televisão. Rádio. Internet.

Outros alcançam um número pequeno de pessoas ao mesmo tempo, como o telefone, a carta, o correio eletrônico (*e-mail*), entre outros.

O domínio do telefone celular

Hoje em dia, todo mundo parece ter um telefone celular. Até mesmo as crianças usam esse equipamento de comunicação.

Ter um telefone portátil é muito útil, mas também pode trazer consequências negativas nos relacionamentos pessoais. As pessoas ficam tão entretidas em usar o aparelho que até se esquecem do mundo ao redor!

Muitas pessoas deixam de conversar umas com as outras para dar atenção aos aparelhos eletrônicos, como celulares e *tablets*.

ATIVIDADES

1 Leia com o professor a letra da música "A carta".

A carta

Refrão
O livro é uma carta, o livro é uma carta.
Que o autor escreve, depois despacha.

Ao receber o livro, me dá curiosidade
De abrir, de conhecer sua mensagem.

É bom de receber, de abrir esse presente
A caixa do correio é a minha estante.

Refrão
O autor põe no papel, depois põe no correio
suas palavras vêm e ele não veio.

Eu leio o que escreveu, e, sem que o conheça,
suas ideias estão na minha cabeça.

Fonte: BRAGA, Fred; NÓBREGA, Vera. A carta. Recife: Vou Ler Edições e Produções, 2014. v. 4. (Coleção A Arca dos livros).

• Agora, desenhe no espaço abaixo os meios de comunicação citados na música.

2 Observe o desenho ao lado. É uma charge, isto é, um desenho de humor que faz uma crítica a alguma situação.

3 Agora, faça o que se pede.

a) Descreva o desenho.

_____

b) Essa charge faz uma crítica a qual meio de comunicação?

_____

4 Separe as palavras do quadro pelo tipo de meio de comunicação.

Telegrama   Jornal   Carta   Bilhete
Revista   Livro   Vídeo   Filme   *E-mail*

Meios de comunicação de massa	Meios de comunicação pessoais

225

EU GOSTO DE APRENDER

Leia o que você estudou nesta lição.

- Pessoas e mercadorias são levadas de um lugar para outro pelos meios de transporte.
- Os meios de transporte podem ser terrestres, aquáticos e aéreos.
- Meios de transporte terrestres são automóveis, caminhões, trens, metrôs, carroças, charretes etc.
- Meios de transporte aquáticos são navios, canoas, balsas etc.
- Meios de transporte aéreos são aviões, helicópteros, drones etc.
- Existem meios de transporte coletivos e particulares.
- As pessoas se comunicam de diversas maneiras, para trocar informações e entretenimento.
- Quando os meios de comunicação informam várias pessoas ao mesmo tempo, são chamados meios de comunicação de massa.

ATIVIDADES

1. Observe a fotografia e escreva os meios de transporte que você conseguir encontrar.

   _____
   _____

Suíça, 2014.

2 Relacione corretamente.

1. Meio de transporte aéreo.
2. Meio de transporte aquático.
3. Meio de transporte terrestre.

3 Vamos brincar de adivinhar? Responda ao "O que é, o que é?".

a) Veículo que só tem duas rodas, mas pode ser mais rápido que um automóvel.

_____

b) Meio de transporte que pode ir de um continente a outro sem voar.

_____

EU GOSTO DE APRENDER MAIS

Pneus para a molecada!

Você leu o título deste texto e ficou curioso? Como assim, pneus para a molecada? Então as crianças podem usar pneus? Para quê?

Pois podem, sim! Muitas pessoas têm reciclado os pneus velhos dos carros, transformando-os em brinquedos nos parques públicos. Balanços de pneus, pintados com cores vivas, ficam bonitos e confortáveis.

Há artesãos que fazem caminhos de pneus pintados, vasos, mesas, bancos...

Tudo isso para evitar que toneladas e toneladas de borracha de pneus sejam jogadas na natureza como lixo, prejudicando o meio ambiente.

Não é uma ótima ideia?

Balanços feitos com pneus em parque.

ATIVIDADES COMPLEMENTARES

1 Atualmente com o aumento do número de carros nas ruas, muitos pneus usados são descartados de forma incorreta.

a) Qual é a alternativa sugerida no texto para reutilizar esses pneus?

b) Você gostou dessa ideia? Por quê?

_____
_____
_____
_____
_____

2 Pense nos meios de transporte e escreva qual, na sua opinião, causa menos prejuízo à natureza. Justifique sua resposta.

_____
_____
_____
_____
_____

LEIA MAIS

Meios de transporte

Anita Ganeri; Mark Bergin. São Paulo: Girassol Brasil, 2010. (Coleção Você Sabia?).

Respostas às curiosidades das crianças sobre os meios de transporte, além de muitas surpresas durante a leitura.

LIÇÃO 8 — O MEIO AMBIENTE

Observe a imagem de parte da Amazônia.

Rio em trecho da Floresta Amazônica.

Na imagem você pode observar, além do céu e das nuvens, água e vegetação. Ela representa um exemplo de ambiente natural, lugar que ainda não foi transformado pelo ser humano.

Os elementos que formam o ambiente natural são a água, o solo, a vegetação e os animais. O elemento que existe em maior quantidade na Terra é a água, presente em rios, lagos, mares e oceanos e até no ar atmosférico.

A água é fundamental para todos os seres vivos. Sem água não há vida. Por isso ela é tão importante.

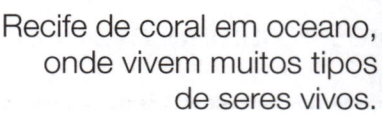

Recife de coral em oceano, onde vivem muitos tipos de seres vivos.

A água

Considerando a quantidade de água que existe no nosso planeta, dois terços dele é formado por água. As terras que formam os continentes representam apenas um terço da superfície do planeta.

A maior parte da água existente no planeta é salgada. A água doce está nos rios, nos lagos, nos lençóis subterrâneos, nas geleiras – como as que existem no Polo Norte, ou Ártico, e no Polo Sul, ou Antártida – e nas nuvens.

A maior parte da água doce ou potável de nosso planeta é usada em irrigação na agricultura. Essa água não pode ser reaproveitada, porque acaba sendo contaminada por produtos químicos, como pesticidas e fertilizantes.

A água para consumo dos seres humanos representa apenas 10% do total de água existente na Terra. Essa água é usada no preparo dos alimentos, na higiene pessoal, no consumo, na limpeza das residências etc.

Os outros 20% restantes de água potável são usados na indústria, em várias etapas da produção. Por exemplo, a indústria de couros precisa de muita água para fabricar artigos como sapatos, bolsas, roupas etc. Um quilo de couro exige quase 17 litros de água para ser curtido e ficar adequado ao uso.

A água também é utilizada para lavar os alimentos antes de consumi-los.

Necessidade de cuidar da água

A água potável existente no planeta não aumenta na mesma proporção que o número de seres humanos. Isso significa que é um recurso finito, isto é, se não cuidarmos, pode acabar.

Os seres humanos têm sido descuidados até agora, poluindo rios e lagos, produzindo condições atmosféricas que levam ao aquecimento global – isso faz com que as geleiras derretam – e praticando outras atitudes que prejudicam os mananciais aquíferos.

Lixo acumulando na margem do Rio Tapajós, Pará.

Todas as pessoas precisam tomar consciência de que podem fazer alguma coisa para isso, desde evitar o desperdício em casa, nas atividades do dia a dia, até exigir dos governos que fiscalizem as indústrias e as empresas que poluem rios e lagos.

Como economizar água

- Tome banhos rápidos.
- Não lave a calçada; use vassoura para limpá-la.
- Não lave o carro com mangueira; utilize o balde.
- Procure e conserte vazamentos de água.
- Mantenha a torneira fechada quando escovar os dentes.

Devemos utilizar a água de maneira adequada, para evitar o desperdício!

ATIVIDADES

1 Observando os gráficos que mostram a quantidade de água e terra em nosso planeta. Qual deles representa dois terços de água e um terço de terra.

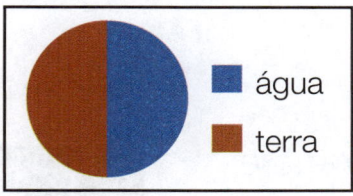

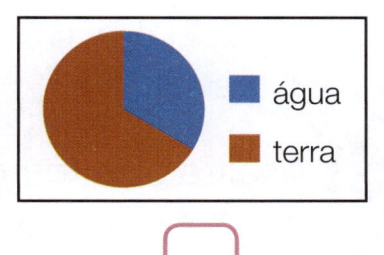

☐   ☐   ☐

2 Toda a água existente no planeta é boa para os seres vivos consumirem? Explique.

_____

_____

3 Circule de onde vem a água doce ou potável que consumimos.

mares   oceanos   (nuvens)   vulcões

(rios e lagos)   (lençóis subterrâneos)   (geleiras)

4 Complete as frases corretamente.

a) De toda a água potável do planeta, apenas _____ é para uso doméstico e consumo humano.

b) A indústria usa cerca de _____ da água potável em várias etapas da produção.

c) Um exemplo de indústria que usa muita água potável é a indústria de _____.

d) A maior parte da água potável, cerca de 70%, vai para o uso na _____.

5 Faça uma pesquisa e escreva três atitudes que os cidadãos podem adotar para o consumo consciente de água.

_____

_____

_____

6 Analise esta fotografia e escreva o que está errado no que ela mostra.

São Paulo, 2015.

_____

_____

7 O que você faz para evitar desperdícios na sua casa? E na escola?

_____

_____

_____

8 Com um colega, faça um cartaz sobre o consumo consciente de água. Coloquem imagens, que podem ser fotos ou desenhos, e escrevam frases sobre o tema. O cartaz poderá ser exposto no mural da classe.

_____

_____

_____

O solo

Outro elemento importante do meio ambiente natural é o solo. É nele que crescem a maioria das plantas, onde vivemos e desenvolvemos diversas atividades.

É no solo que se desenvolve a agricultura, a criação de animais e se extraem minérios usados como matéria-prima na indústria.

Plantação de soja no Brasil.

Criação de gado em Mato Grosso (MT).

Uma das maiores áreas de extração de minério de ferro, em Carajás (PA). Foto de 2010.

A agricultura

O cultivo de plantas como verduras, frutas, legumes, grãos e cereais é chamado de **agricultura**. Quem trabalha na agricultura chama-se agricultor.

A agricultura pode ocorre em áreas pequenas, chácaras e sítios e também em plantações em fazendas. Muitas vezes, o que se produz na agricultura é usado como matéria-prima para a indústria de alimentos, vestuário, produção de álcool etc.

Plantação de alface, São José dos Pinhais (PR).

Família de agricultores em área de plantação de verduras. Apiaí (SP).

Visão aérea e oblíqua da colheita mecanizada de cana-de-açúcar. Sertãozinho (SP).

A criação de animais

Bois, vacas, galinhas, porcos e outros animais são criados pelos seres humanos para a obtenção de vários produtos. Cada tipo de criação de animal recebe um nome.

Pecuária é a criação de bois e vacas para a obtenção de carne, leite e couro.

Vaqueiros conduzem o gado em Pau-Brasil (BA).

Criação de gado em área desmatada da Floresta Amazônica (PA).

Avicultura é a criação de aves das quais se obtém a carne e os ovos.

Criação de frangos em granja. Concórdia (SC).

Criação de aves em pequena propriedade, Montes Claros (MG).

Suinocultura é a criação de porcos para a obtenção de carne e couro.

Criação de porcos em regime de confinamento. Tunápolis (SC).

Extrativismo

Quando retiramos da natureza matéria-prima para a fabricação de produtos denominamos extrativismo.

Pode existir o extrativismo vegetal, quando o que é retirado da natureza é de origem vegetal. Também existe o extrativismo mineral quando se retiram da natureza minérios, pedras preciosas e sal.

Morador da floresta com cachos da fruta do açaizeiro para comercialização. Santarém (PA).

Vista aérea de garimpo de ouro, Paconé (MT).

Trabalhador revolvendo monte de sal em salina na cidade de Chaval (CE).

Os problemas ambientais do uso do solo

As atividades econômicas praticadas no meio ambiente originam matérias-primas importantes para a sociedade. Mas, se forem desenvolvidas inadequadamente, sem os devidos cuidados, causam impactos negativos na natureza.

Desmatamento, queimadas, poluição do ar e do solo, contaminação causada por agrotóxicos, pisoteio do solo por animais e uso indiscriminado de produtos químicos nas atividades de extração mineral são alguns problemas ambientais que a sociedade enfrenta na atualidade.

A necessidade de terras para a agricultura e criação de animais provoca o desmatamento. O uso de adubos químicos e agrotóxicos nas plantações contamina o solo e a água. Culturas extensas de apenas um tipo de planta – a monocultura –, como ocorre com a cana-de-açúcar e a soja, também esgotam o solo e, para manter a produção dessas culturas, são necessários mais adubos químicos.

Área de floresta amazônica queimada para uso do solo para cultivo ou pastagens de animais.

O extrativismo mineral também provoca desmatamento e danos no solo em função das grandes áreas de escavação e do uso de determinados produtos para auxiliar na separação do ouro, por exemplo, de outros materiais. Esses produtos contaminam o solo e a água.

Trabalhador aplica agrotóxicos em plantação de uva, Petrolina (PE).

A preservação dos ambientes

As queimadas, a poluição do ar, da água e do solo, a caça e a pesca predatórias agridem os ambientes.

Para preservar os ambientes é necessário o planejamento para o uso racional dos recursos naturais e leis para regular esse uso e o descarte de poluentes, por exemplo.

Terreno sem cobertura vegetal sofrendo erosão e perda de solo. Aparecida (SP).

Uso racional dos recursos naturais

O ser humano necessita dos recursos naturais para se alimentar, fazer remédios, roupas, móveis, utensílios e muitos outros produtos.

Do petróleo podemos obter combustíveis que fornecem energia, como a gasolina e o gás de cozinha.

Dos minérios retiramos os metais, como o ferro e o alumínio.

Área de vegetação destruída pela queimada.

A água é usada nas usinas hidrelétricas para a produção de energia elétrica.

Os recursos devem ser aproveitados e reaproveitados para que não se esgotem. Ao fazer uso desses recursos é preciso obedecer às regras de preservação do ambiente, como:

- prever e evitar os estragos que podem ser causados à natureza pelas atividades humanas;
- consertar os estragos que forem feitos;
- respeitar as leis que proíbem a caça e a pesca nas épocas de reprodução;
- respeitar as leis contra a poluição do ambiente;
- respeitar as leis de proteção aos animais e às plantas silvestres;
- respeitar as áreas de reservas e os parques florestais;
- reciclar o lixo.

Bromélia típica da Mata Atlântica no Parque Estadual da Serra do Mar, São Sebastião (SP).

Usina Hidrelétrica de Itaipu, Foz do Iguaçu (PR).

ATIVIDADES

1 Identifique a atividade que está sendo desenvolvida no solo nas imagens a seguir.

ANDREIA DURANTE/SHUTTERSTOCK

ALF RIBEIRO/SHUTTERSTOCK

_____   _____

RICARDO AZOURY/PULSAR IMAGENS

CHICO FERREIRA/PULSAR IMAGENS

_____   _____

242

2 Indique o tipo de atividade necessária para a obtenção dos produtos a seguir.

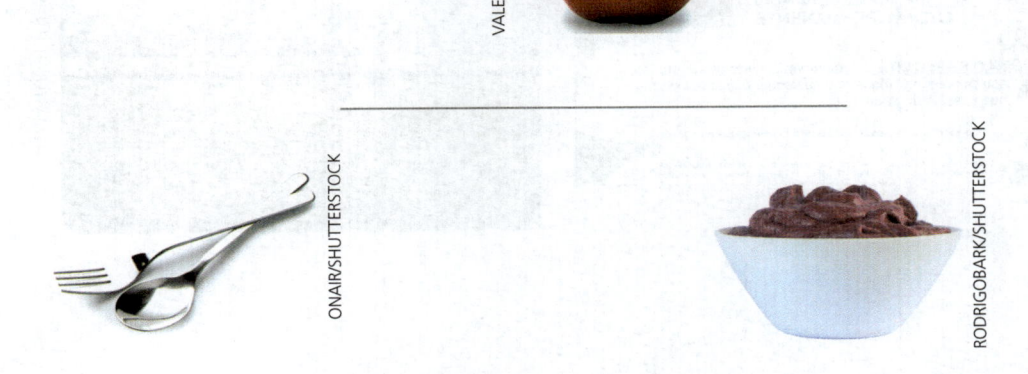

_____   _____

_____

_____   _____

3 Cite dois produtos que você consome fabricados a partir:

a) da agricultura: _____

_____

b) da criação de animais: _____

_____

c) do extrativismo mineral: _____

243

4 Identifique com *emojis* as atitudes prejudiciais e as benéficas para o meio ambiente. Use os adesivos do final do livro.

5 Observe a tirinha a seguir.

Na tirinha Chico Bento diz que está plantando uma árvore de esperança.

- Por que Chico Bento deu esse nome para a árvore?

EU GOSTO DE APRENDER

Relembre o que você estudou nesta lição.
- O planeta Terra é formado por dois terços de água. A maior parte da água, que vem dos mares e oceanos, é salgada e não é própria para consumo humano. A água potável ou água doce vem de rios, lagos, lençóis aquáticos, geleiras e nuvens.
- A reserva de água potável do planeta pode acabar, por isso é preciso consumir com consciência, isto é, sem desperdício.
- O maior consumo de água potável é da agricultura para uso na irrigação. A indústria consome 20% da água potável e somente 10% é para consumo humano.
- Atividades como desmatamento e poluição de rios e lagos provocam o aquecimento global, o derretimento de geleiras e outros fenômenos que produzem seca e falta de água potável.
- O solo é utilizado para agricultura, pecuária, avicultura, suinocultura e extração de matérias-primas.
- O extrativismo pode ser mineral e vegetal.
- As atividades de produção no solo causam impacto no meio ambiente: desmatamento, queimadas, poluição por agrotóxicos e adubos químicos.
- Devemos ter atitudes conscientes para evitar prejudicar a natureza.
- As queimadas, as fábricas e os veículos são responsáveis pela emissão de gases que poluem o ar, causando também o aumento da temperatura média da Terra.
- O vazamento de petróleo nos mares e oceanos, a falta de tratamento de esgoto nas cidades e os adubos e inseticidas nas regiões agrícolas são responsáveis pela poluição da água.

- O despejo de lixo em locais não apropriados e o uso de agrotóxicos e fertilizantes na agricultura afetam drasticamente as características naturais do solo e podem causar doenças.
- Os ambientes naturais precisam ser preservados e para isso os recursos naturais devem ser aproveitados e reaproveitados para que não se esgotem.

ATIVIDADE

1 Você e sua família conhecem algum projeto que trabalha com a preservação do meio ambiente?

a) Qual?

_____
_____
_____

b) Comente sobre ele com os colegas.

LEIA MAIS

Planeta, meu amor!

Sylvie Girardet e Puig Rosado. São Paulo. Companhia Editora Nacional, 2007.

Nas cinco fábulas de *Planeta, meu amor!*, pequenos e grandes "ecocidadãos" discutem e procuram agir em benefício do planeta e de todos que vivem nele.

EU GOSTO DE APRENDER MAIS

Áreas de preservação nas cidades

O processo de formação e crescimento das cidades sem planejamento traz efeitos indesejáveis, provocando vários problemas ambientais. Por isso no código florestal de 2012 foram criadas as áreas de preservação permanente (APP) urbanas. Elas têm o objetivo de:

- proteger o solo prevenindo a ocorrência de desastres associados à ocupação e ao uso inadequados de encostas e topos de morro;
- proteger os corpos d'água, evitando enchentes, poluição das águas e assoreamento dos rios;
- manter a permeabilidade do solo e do regime hídrico, prevenindo contra inundações e enxurradas, colaborando com a recarga de aquíferos e evitando o comprometimento do abastecimento público de água em qualidade e em quantidade;
- oferecer refúgio para a fauna e de corredores ecológicos que facilitam o fluxo gênico de fauna e flora, especialmente entre áreas verdes situadas no perímetro urbano e nas suas proximidades;
- atenuar os desequilíbrios climáticos intraurbanos, como o excesso de aridez, o desconforto térmico e ambiental e o efeito "ilha de calor".

Atualmente 84,4% da população do país vive em área urbana e as APP urbanas, além de prevenir os efeitos indesejáveis do crescimento sem planejamento, vão oferecer áreas de lazer e recreação e valorizar a paisagem e o patrimônio natural e construído.

ATIVIDADE

- Converse com o professor e com os colegas sobre a importância dessas áreas nas cidades, inclusive na região onde vocês vivem. Esse tipo de área traria benefícios para o ambiente de vocês?

_____
_____
_____
_____

Vista de drone da Lagoa do Abaeté, que integra o Parque Metropolitano Lagoas e Dunas de Abaeté, Salvador (BA). Foto de 2017.

Adesivos para colar na página 30.

NANCY AYUMI KUNIHIRO/SHUTTERSTOCK

CELLIO7/SHUTTERSTOCK

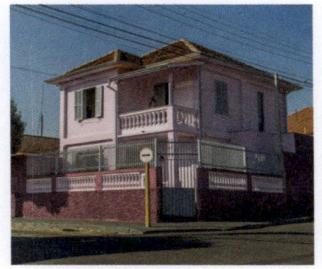

HUGO MARTINS OLIVEIRA/SHUTTERSTOCK

Parte integrante da Coleção Eu gosto m@is – História 2º ano – IBEP.

Adesivos para colar na página 46.

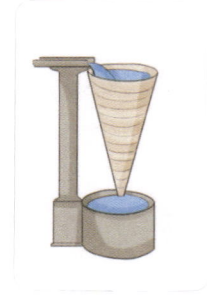

Adesivos para colar na página 75.

ADESIVO

ADESIVO

Adesivos para colar na atividade 5 da página 143.

Adesivos para colar na atividade 4 da página 244.